# EL LIBRO DE LOS DINOSAURIOS

LIBSA

# *Antes de empezar...*

... a leer este libro, debes saber que encontrarás a los dinosaurios ordenados por el periodo en el que vivieron. Te presentamos brevemente su fascinante mundo...

La palabra dinosaurio significa literalmente «lagarto terrible», y fue inventada en 1842 por el paleontólogo británico Sir Richard Owen. Aunque estos extintos animales poco tenían que ver con los actuales reptiles y lagartos, es cierto que por su aspecto bien podrían parecer familiares cercanos.

Los dinosaurios han llamado la atención de jóvenes y adultos desde que se descubrieron, fundamentalmente debido a dos aspectos. El primero de ellos es su éxito evolutivo: mientras el ser humano lleva existiendo sobre la Tierra tres millones de años, los dinosaurios fueron sus amos absolutos durante 160 millones de años. El segundo es su aspecto peligroso y terrible, combinado con el tamaño gigantesco que alcanzaban algunos de ellos. Aunque también hubo dinosaurios diminutos, los que han producido más fascinación han sido las especies de gran tamaño, como el tiranosaurio o el braquiosaurio.

DIN A-5

✓ La Paleontología es la ciencia que estudia e interpreta el pasado de la vida sobre la Tierra a través de los fósiles.

✓ La Paleozoología es una disciplina de la Paleontología que estudia animales extintos a partir de sus restos fósiles, y que incluye la investigación sobre los dinosaurios (Dinosaurología).

# ✓ Las eras geológicas

Al igual que en la vida de una persona diferenciamos varias etapas (infancia, adolescencia, madurez y vejez), la historia del planeta Tierra también se divide en varios periodos:

El primero se conoce como **Precámbrico**; son los primeros años de nuestro planeta. En él aparecieron los mares, las montañas, la atmósfera y los primeros seres vivos.

El Precámbrico da paso al **Paleozoico**, periodo en que la vida se consolida y empieza a ocupar lugares como el mar, la tierra o el aire. Aparecen las plantas y los insectos, los peces, los anfibios y al fin los reptiles.

El **Mesozoico** se divide en tres etapas: el TRIÁSICO, el JURÁSICO y el CRETÁCICO. En el Triásico surgen los primeros dinosaurios, que pronto se consolidan y dominan la Tierra hasta que se extinguieron masivamente en el Cretácico. En el Mesozoico también fueron evolucionando las especies que heredarían el planeta tras la desaparición de los dinosaurios, como los mamíferos o los seres humanos, en el periodo **Cenozoico**.

| ERA | MILLONES DE AÑOS ATRÁS | FORMAS DE VIDA |
|---|---|---|
| **Precámbrico** | 4.500 millones de años-445 millones de años | Algas • Células |
| **Paleozoico** | 445 millones de años-245 millones de años | Reptiles • Bosques de helechos • Anfibios • Insectos • Peces • Crustáceos • Trilobites |
| **Mesozoico** | TRIÁSICO 245 millones de años<br>JURÁSICO 195 millones de años<br>CRETÁCICO 65 millones de años | Primates • Plantas con flor • Aves • Dinosaurios • Mamíferos |
| **Cenozoico** | 65 millones de años-10.000 años | Seres humanos • Mamíferos rumiantes y carnívoros |

# ✓ ¿Qué es un dinosaurio?

En sí misma, la palabra *dinosauria* designa un **superorden** dentro de la clasificación científica de los seres vivos, que se encuentra dentro de la **clase** de los *saurópsidos*. Hay algunos animales que viven hoy en día que pertenecen aún a este superorden, como por ejemplo las aves. Según este criterio, ¡los dinosaurios no se habrían extinguido!

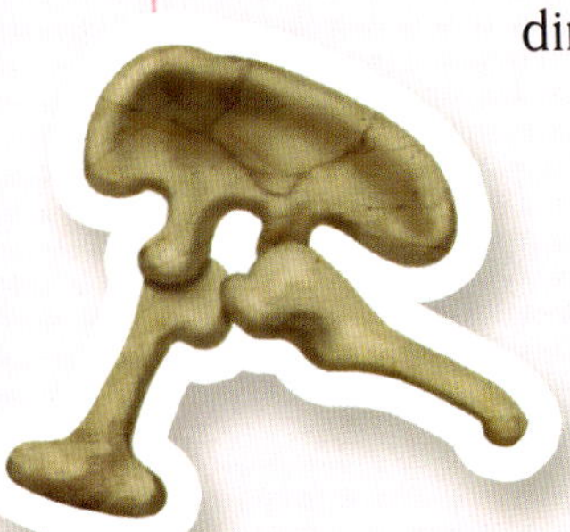

Saurischia

Sin embargo, cuando hablamos normalmente de dinosaurios nos referimos a un conjunto de animales vertebrados que dominaron los distintos ecosistemas del periodo Mesozoico, y que se extinguieron hace 65 millones de años. Una de las características esenciales de los dinosaurios es que sus patas estaban situadas debajo del cuerpo, al igual que los mamíferos actuales, y no hacia los costados, como los reptiles.

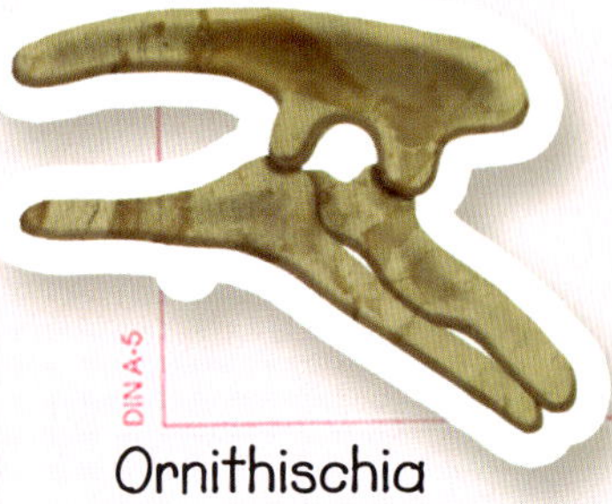

Ornithischia

Tradicionalmente, se ha dividido a los dinosaurios en dos **órdenes** diferentes según la forma de su cadera: los *Saurischia* (pelvis de lagarto) y los *Ornithischia* (pelvis de ave). Los primeros conservaban la estructura de la cadera de sus antepasados reptiles, y los segundos presentan ya la modificación en estos huesos que conservarían sus descendientes lejanos, las aves.

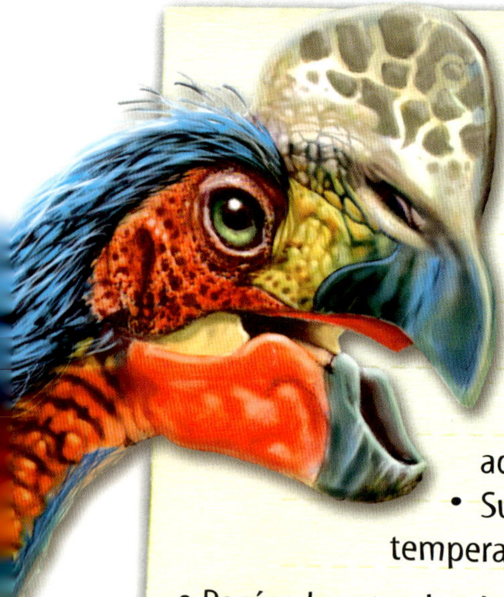

# ✓ Secretos del éxito de los dinosaurios

Estas son algunas de las características que ayudaron a los dinosaurios a sobrevivir durante 160 millones de años:

- La variedad de especies y de tamaños les permitieron adaptarse a todos los ecosistemas.
- Su piel escamosa e impermeable les aislaba de los cambios de temperatura.
- Ponían huevos de cáscara dura, lo que evitaba que las crías fueran devoradas antes de nacer.
- La estructura de los huesos de sus patas les permitía moverse más deprisa que a otros animales de su tiempo.
- Había dinosaurios herbívoros y carnívoros, por lo que formaban una cadena alimentaria en sí mismos que les permitía sobrevivir.

# ✓ La extinción de los dinosaurios

La fascinante historia de los dinosaurios tiene un final trágico. Hace aproximadamente 65 millones de años, de una forma súbita e inesperada, se extinguió la mayor parte de las especies de dinosaurios conocidas, sobreviviendo solo los que debían dar origen a las aves.

Aunque existen teorías muy diferentes, actualmente científicos de todo el mundo defienden el hecho de que la extinción se debió al impacto de un meteorito contra la superficie de nuestro planeta. Tras los masivos incendios, el aire se llenó de cenizas y polvo tan densos que no permitían la penetración de los rayos solares. Una lluvia ácida cayó sobre la Tierra. Gran parte de la vegetación desapareció, por lo que los dinosaurios herbívoros no consiguieron sobrevivir. Los carnívoros perdieron entonces su fuente de alimentación y también perecieron. Por eso se dice que no fue el impacto del meteorito, en sí mismo, lo que acabó con la vida de estos colosos, sino el hambre.

# ✓ El primer fósil de dinosaurio

Prácticamente todo lo que sabemos de los dinosaurios se debe a los fósiles, que son restos de seres vivos de hace millones de años conservados dentro de las rocas. Normalmente se trata de huesos.

Los fósiles de dinosaurio se han conocido desde hace miles de años, pero los antiguos chinos, por ejemplo, pensaban que eran huesos de dragones, y los europeos, restos de gigantes. El primer dinosaurio que se encontró fue el *Iguanodon*, identificado por Gideon Mantell en 1822. Dos años más tarde, el reverendo William Buckland bautizó al *Megalosaurus* a partir de un inmenso diente que había encontrado en una cantera de pizarra. Sir Richard Owen fue el primero en pensar que estos inmensos animales que se estaban descubriendo entre los fósiles estaban relacionados entre sí.

# Coelophysis

## Celofisis

## ¿Un caníbal prehistórico?

En uno de los yacimientos de estos animales, se descubrieron pequeños huesos de individuos de la misma especie en los estómagos de los adultos, lo cual sugiere un comportamiento caníbal.

### RANGO FÓSIL

Triásico

### HÁBITAT

Este dinosaurio habitó el sur y el este de lo que hoy es EE.UU. hace aproximadamente 210 millones de años

### DESCRIPCIÓN

- **Longitud:** 3 m
- **Altura:** 1,5 m
- **Peso:** 30 k
- **Otras características:** A pesar de su escaso peso, gracias a sus huesos huecos, era un temible depredador, sobre todo a causa de su letal velocidad

Tamaño de un celofisis comparado con un ser humano

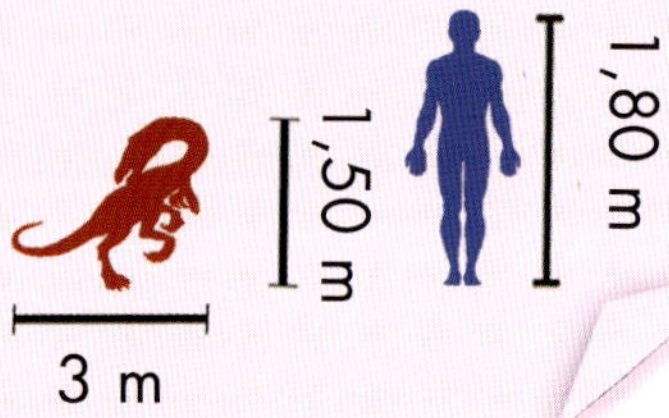

### Dino-pregunta

✓ ¿De qué color eran los dinosaurios?

Nadie sabe con certeza de qué color eran los dinosaurios, pues solo nos han llegado fragmentos fosilizados de su piel. Quizá tuvieran vivos colores para avisar o confundir a sus depredadores, o cambiaran de color para adaptarse al ambiente del lugar donde vivían.

Tenía una cola larga de gran maniobrabilidad que podía funcionar como timón cuando el celofisis corría a gran velocidad.

Probablemente este dinosaurio se desplazaba solamente sobre las extremidades traseras, pues estas eran más fuertes y casi el doble de grandes que las delanteras.

✓ **El primer ejemplar de celofisis fue descubierto en 1881.**

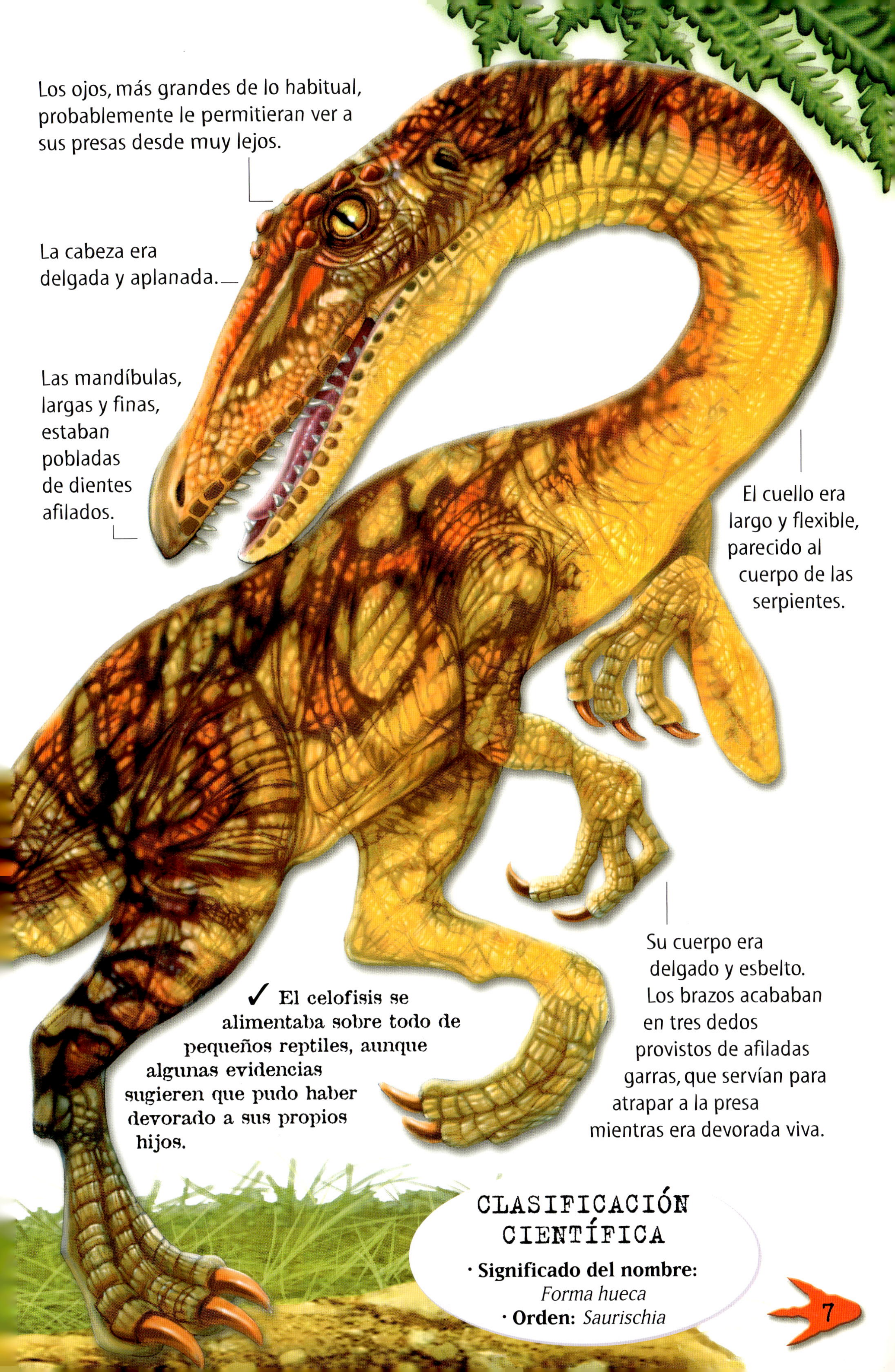


✓ **El celofisis se alimentaba sobre todo de pequeños reptiles, aunque algunas evidencias sugieren que pudo haber devorado a sus propios hijos.**

## CLASIFICACIÓN CIENTÍFICA

- **Significado del nombre:** *Forma hueca*
- **Orden:** *Saurischia*

# *Plateosaurus*

## *Plateosaurio*

## *El primer gigante*

El plateosaurio fue el primer dinosaurio gigante que apareció en nuestro planeta. Se trata de una especie que estuvo muy bien adaptada al medio y que sobrevivió mucho tiempo en hábitats diferentes. Esto se debe a que fue el primer dinosaurio capaz de llegar a las copas de los árboles, lo cual hacía que nunca le faltara alimento. Por otro lado, su gran tamaño le hacía invulnerable a los ataques de la mayoría de los depredadores de su época.

## CLASIFICACIÓN CIENTÍFICA

- **Significado del nombre:** *Reptil plano*
- **Orden:** *Saurischia*

Tamaño de un plateosaurio comparado con un ser humano

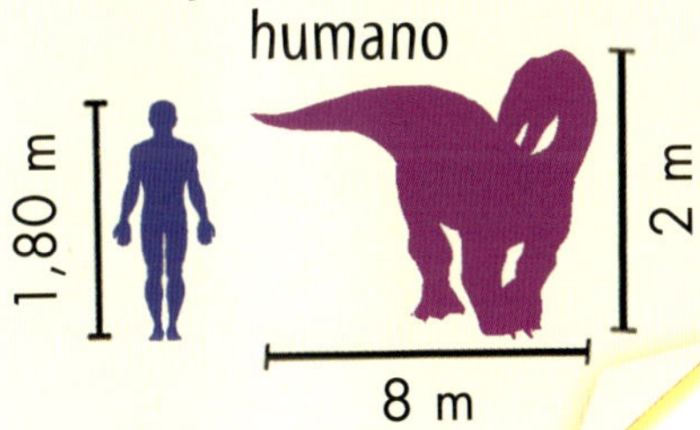

## RANGO FÓSIL

Triásico

## HÁBITAT

El plateosaurio vivió en toda la zona que hoy es Europa hace unos 200 millones de años

## DESCRIPCIÓN

- **Longitud:** 8 m
- **Altura:** 2 m
- **Peso:** 700 k
- **Otras características:** El pulgar tenía una gran garra curvada que le servía para defenderse de los depredadores y para arrancar la comida

Tenía un cuerpo grande y robusto, y aunque caminaba sobre sus cuatro patas, era capaz de erguirse sobre las traseras para llegar a las copas más altas de los árboles.

✓ **Llevaba una dieta vegetariana, a base de hojas, helechos y ramas.**

## Dinopregunta

### ✓ ¿Los dinosaurios eran de sangre fría o caliente?

Los reptiles como los lagartos y las serpientes son de sangre fría, es decir, obtienen su calor corporal del sol. En un principio, se pensó que los dinosaurios también, pero hoy se cree que eran de sangre caliente, entre otras razones, porque su estilo de vida era activo y sus crías crecían rápidamente, como las de los mamíferos.

# Dilophosaurus

## Dilofosaurio

### RANGO FÓSIL

Jurásico

### HÁBITAT

Esta especie pobló la zona de la actual Arizona, EE.UU., hace unos 190 millones de años

### DESCRIPCIÓN

- **Longitud:** 6 m
- **Altura:** 2,5 m
- **Peso:** 500 k
- **Otras características:** A diferencia de lo que ocurre con la mayoría de sus parientes, este dinosaurio tenía unas mandíbulas bastante frágiles, lo que le convertía en un depredador poco peligroso. Los dientes estaban especialmente diseñados para rasgar y desgarrar carne ya muerta

## *El carroñero del Jurásico*

Su nombre lo recibe por dos crestas semicirculares y paralelas dispuestas sobre su cráneo. Se desconoce cuál era su uso. Probablemente tuvieran una función social y ayudaran a los dilofosaurios a reconocerse entre sí.

### CLASIFICACIÓN CIENTÍFICA

- **Significado del nombre:** *Reptil con dos crestas*
- **Orden:** *Saurischia*

Su cuerpo era musculoso y de aspecto imponente, acabado en una larga cola que le ayudaba a mantener el equilibrio.

Se desplazaba sobre sus extremidades traseras, que eran fuertes y le permitían avanzar con firmeza y velocidad.

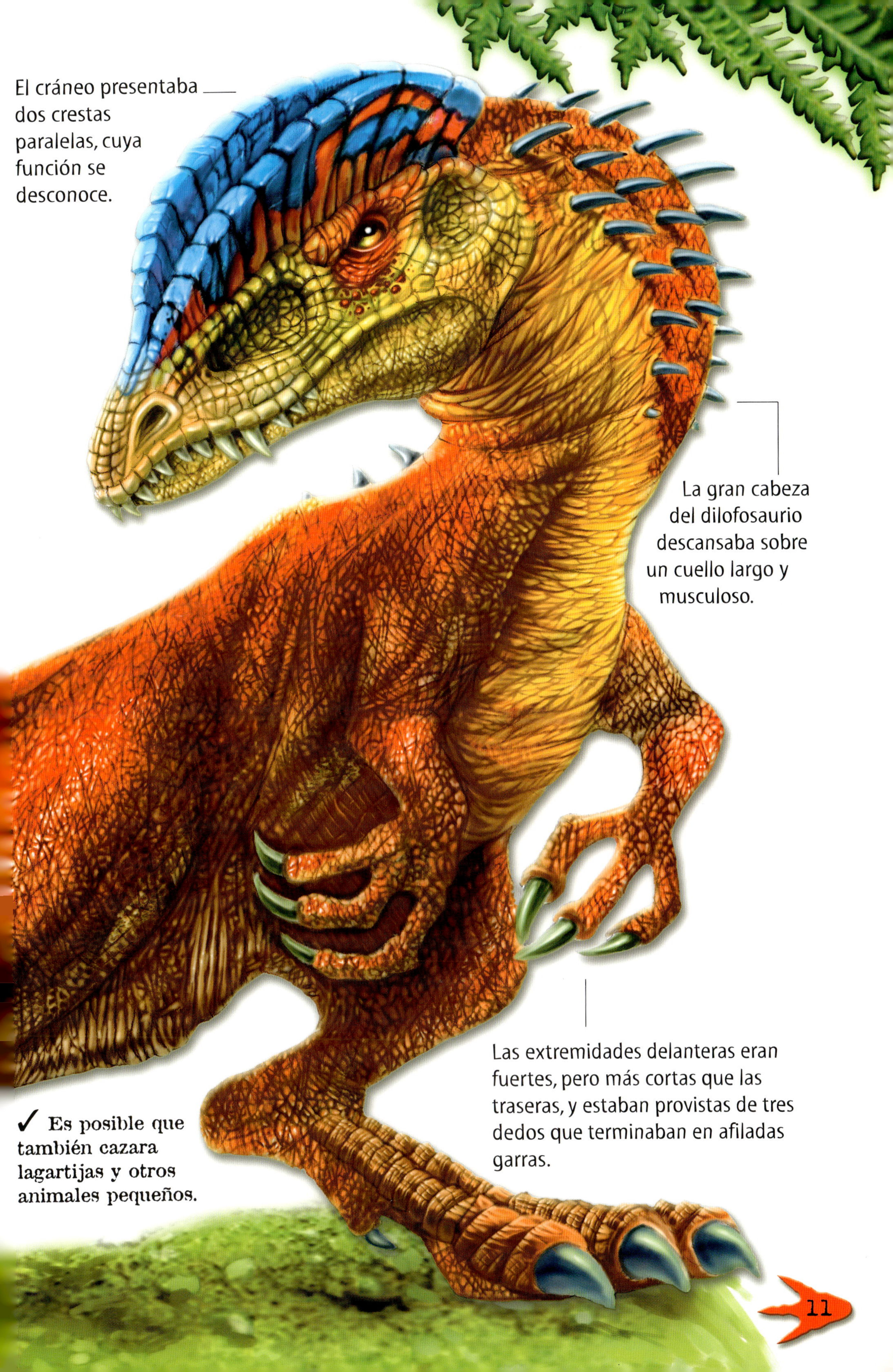
El cráneo presentaba dos crestas paralelas, cuya función se desconoce.
La gran cabeza del dilofosaurio descansaba sobre un cuello largo y musculoso.
Las extremidades delanteras eran fuertes, pero más cortas que las traseras, y estaban provistas de tres dedos que terminaban en afiladas garras.
✓ Es posible que también cazara lagartijas y otros animales pequeños.

# Heterodontosaurus

## Heterodontosaurio

**RANGO FÓSIL**

Jurásico

**HÁBITAT**

Nativo del sur de África, vivió hace 190 millones de años, en climas secos y semiáridos

**DESCRIPCIÓN**

- **Longitud:** 1,5 m
- **Altura:** 50 cm
- **Peso:** 19 k
- **Otras características:** Los científicos han descubierto que las hembras no tenían colmillos, lo que puede significar que servían para luchar o como reclamo sexual

### *Pequeño, pero muy rápido*

El heterodontosaurio no impresionaba precisamente por su tamaño, pero gracias a él era capaz de correr a toda velocidad para huir de sus predadores.

La cabeza de este dinosaurio era muy pequeña: su cráneo medía solo 10 cm.

Poseía tres tipos de dientes: incisivos, colmillos y molares.

**CLASIFICACIÓN CIENTÍFICA**

- **Significado del nombre:** *Reptil con dientes diferentes*
- **Orden:** *Ornithischia*

En el lomo tenía una red de huesos parecida a un corsé que le permitía mantenerse erguido.

Utilizaba la cola para mantener el equilibrio cuando estaba quieto.

Tamaño de un heterodontosaurio comparado con un ser humano

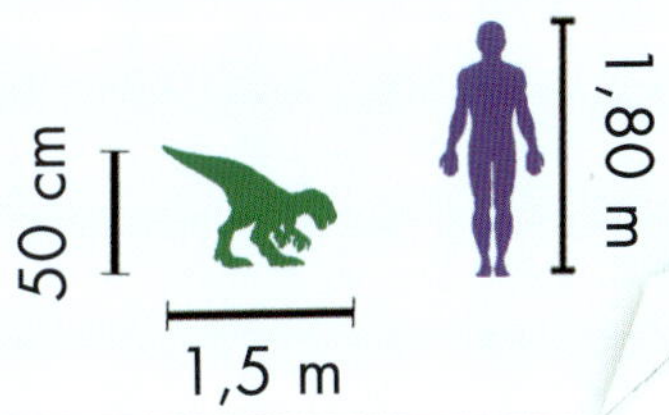

## Dinopregunta

✓ ¿Para qué tenía tres tipos de dientes?

Como hemos comentado, el heterodontosaurio poseía tres tipos distintos de dientes, lo cual es un hecho muy poco habitual en el mundo de los dinosaurios. Los utilizaba para poder comer diferentes tipos de plantas que crecían en las estepas africanas del Jurásico, como helechos, piñas y ramas casi secas.

Sus patas traseras, acabadas en cuatro dedos provistos de garras, eran largas y fuertes.

El cuarto dedo de las extremidades traseras era más pequeño que los otros. Con él conseguía mantenerse en equilibrio, junto con su cola.

✓ **El primer fósil de heterodontosaurio se encontró en la década de 1960 en una zona montañosa de la actual Sudáfrica.**

# Allosaurus

## Alosaurio

## Cazador en grupo

### RANGO FÓSIL

Jurásico

### HÁBITAT

El alosaurio fue uno de los depredadores más feroces de Norteamérica, África, Australia y China hace unos 140 millones de años

### DESCRIPCIÓN

- **Longitud:** 12 m
- **Altura:** 3 m
- **Peso:** 2 toneladas
- **Otras características:** Se trataba de un dinosaurio enormemente feroz, provisto de unas grandes mandíbulas pobladas de varias filas de dientes, de unas afiladas garras y de una musculosa cola que servía para golpear a los adversarios

El primer fósil de alosaurio fue descubierto en 1869 en Colorado, EE.UU. Se trataba de una vértebra, aunque en un principio se confundió con la pezuña de un caballo prehistórico. Fue el famoso paleontólogo Othniel Charles Marsh el que describió a estos dinosaurios por primera vez en 1877, usando un esqueleto más completo descubierto poco tiempo antes.

La cabeza terminaba en una inmensa mandíbula que contaba con unos 70 dientes dispuestos en varias filas. Afilados como sierras, se curvaban hacia atrás para ser más letales, y, en caso de caerse, volvían a crecer.

Los dedos de las extremidades anteriores terminaban en unas afiladísimas garras que podían clavarse en el vientre de cualquier dinosaurio.

### CLASIFICACIÓN CIENTÍFICA

- **Significado del nombre:** *Reptil extraño*
- **Orden:** *Saurischia*

✓ Se cree que podía vivir en manadas.

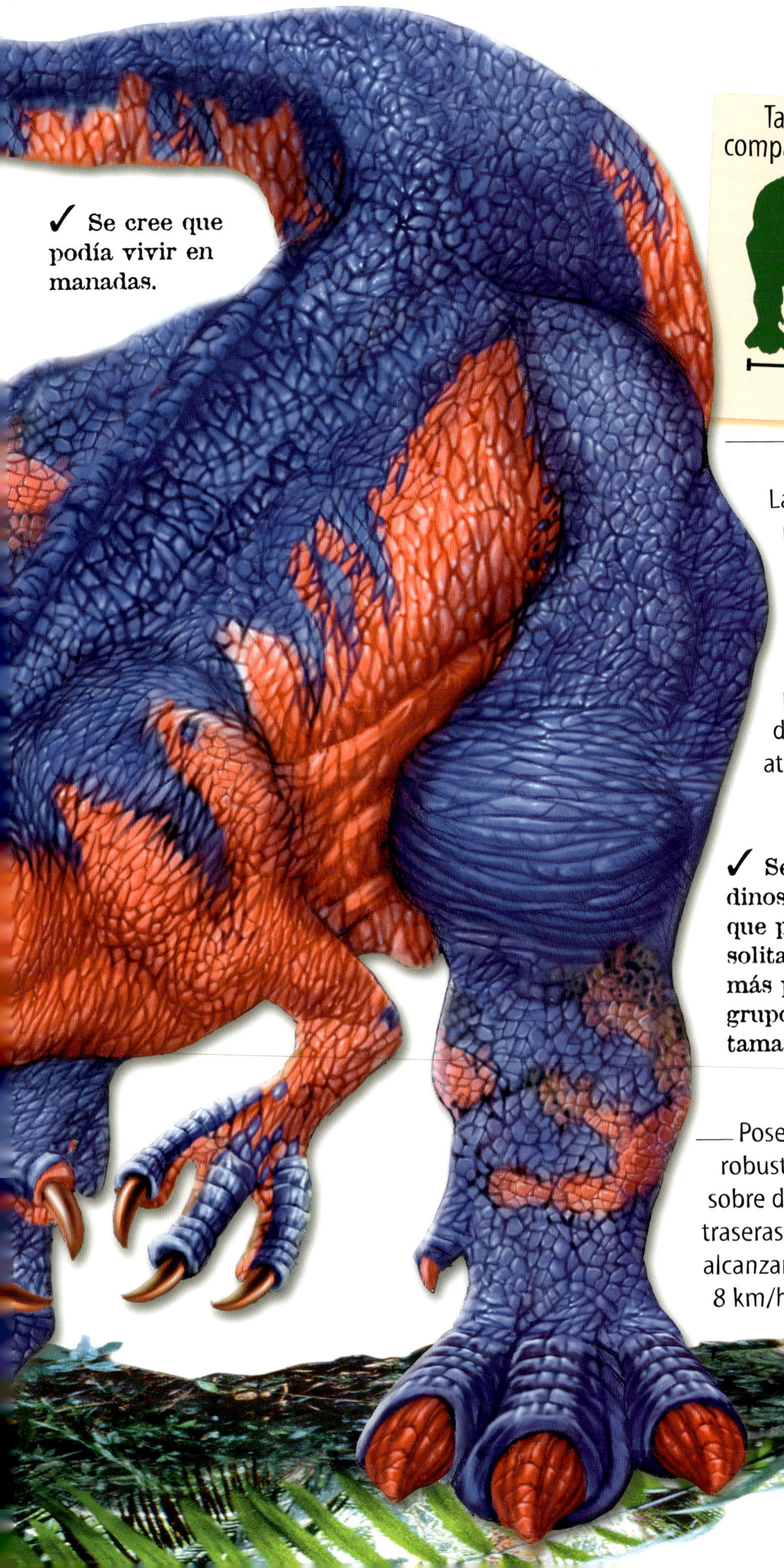

La cola, fuerte y musculosa, contenía unos 50 huesos. Servía para guardar el equilibrio durante la carrera y para golpear a otros depredadores que se atrevieran a atacarle.

✓ **Se trata de un dinosaurio carnívoro, que podía cazar en solitario a sus presas más pequeñas o en grupo a otras de mayor tamaño.**

Poseía un cuerpo muy robusto que avanzaba sobre dos masivas patas traseras, que le permitían alcanzar velocidades de hasta 8 km/h.

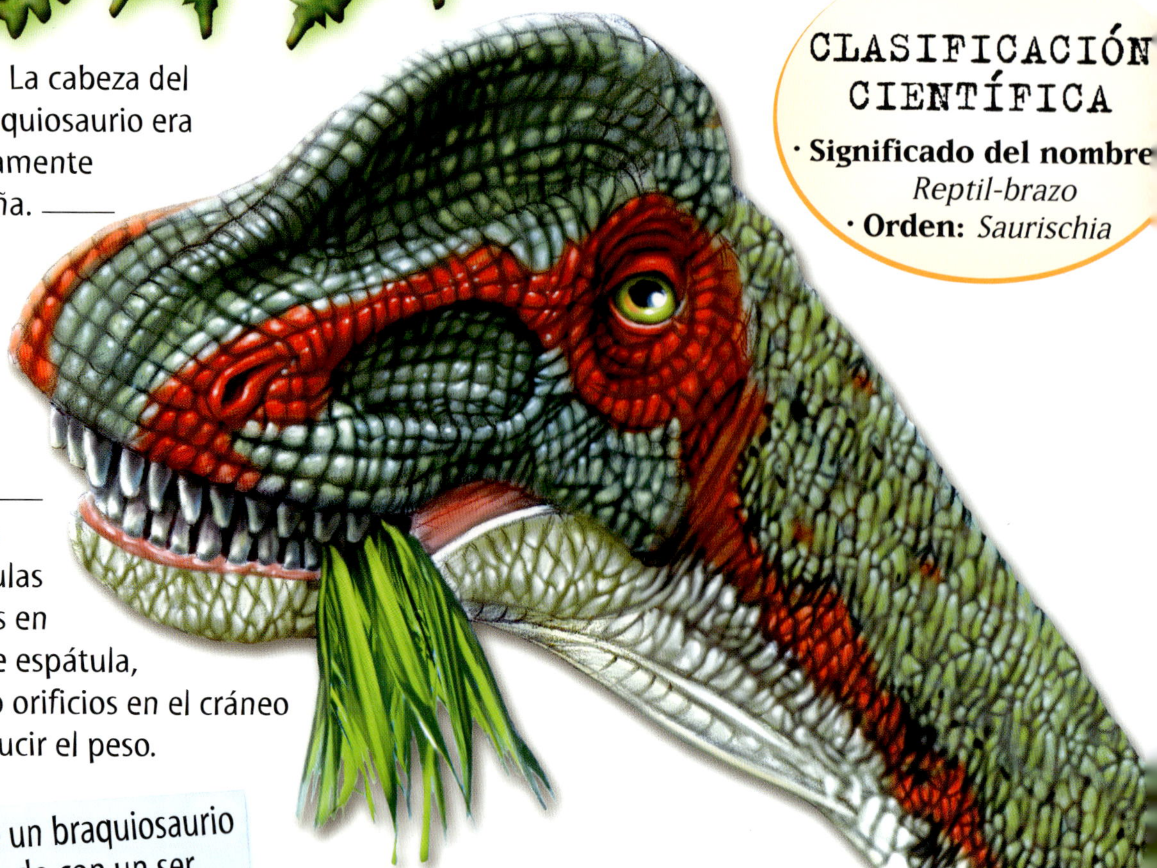

La cabeza del braquiosaurio era relativamente pequeña.

**CLASIFICACIÓN CIENTÍFICA**

- **Significado del nombre** *Reptil-brazo*
- **Orden:** *Saurischia*

Tenía robustas mandíbulas y dientes en forma de espátula, así como orificios en el cráneo para reducir el peso.

Tamaño de un braquiosaurio comparado con un ser humano

El largo cuello del braquiosaurio le permitía llegar a las copas más altas de los árboles, de cuyas hojas y ramas se alimentaba, pues era herbívoro.

## ¡Qué curioso!

El primer braquiosaurio fue descubierto en el año 1900 por Elmer S. Riggs en el Gran Cañón del Colorado, en EE.UU. Sin embargo, el primer esqueleto completo se encontró en Tanzania en 1907. Fue extraído de la roca usando métodos muy rudimentarios y transportado hasta Alemania, donde aún se exhibe en el Museo de Historia Natural de Berlín.

✓ **Necesitaba unos 1.500 k de comida al día para manteners con vida.**

Comparado con la mayoría de saurópodos, el braquiosaurio tenía una cola relativamente pequeña.

# *Brachiosaurus*

## *Braquiosaurio*

### RANGO FÓSIL

Jurásico

### HÁBITAT

Los braquiosaurios vivieron sobre todo en África y América del Norte

### DESCRIPCIÓN

**Longitud:** 25 m
**Altura:** 12 m
**Peso:** 90 toneladas
**Otras características:** Su corazón era especialmente poderoso, ya que tenía que bombear sangre hasta una altura muy considerable: incluso se ha llegado a sugerir que podía tener dos corazones

## *El dinosaurio más alto*

Los braquiosaurios tenían una constitución similar a la de las jirafas: cuerpo voluminoso, cuello muy largo y cabeza pequeña. Pero su característica más destacada es el largo cuello, dotado de fuertes músculos que le daban agilidad y le permitían mantener la cabeza erguida.

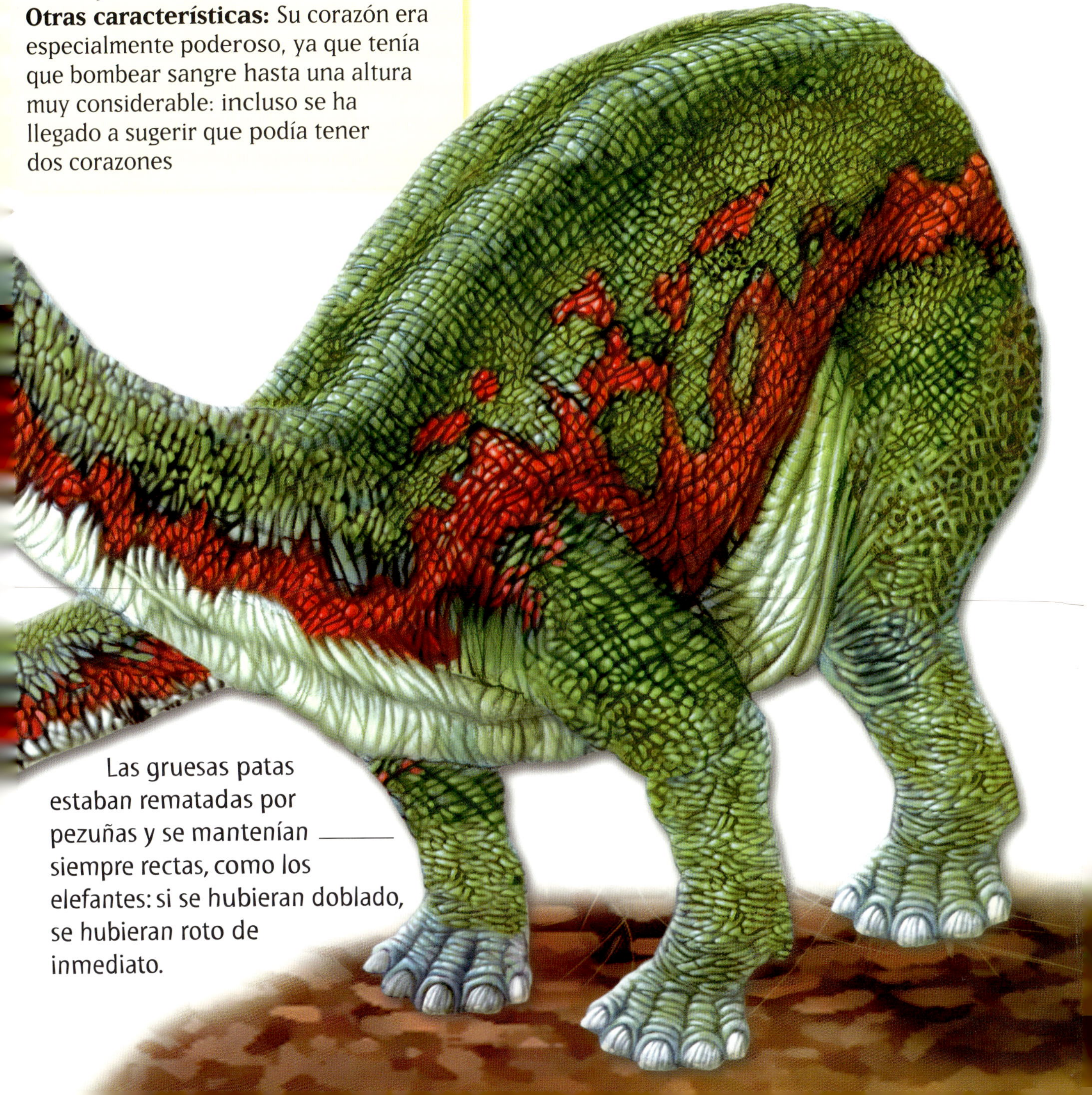

Las gruesas patas estaban rematadas por pezuñas y se mantenían siempre rectas, como los elefantes: si se hubieran doblado, se hubieran roto de inmediato.

# Diplodocus

## Diplodoco

## Gigantes pacíficos

**CLASIFICACIÓN CIENTÍFICA**

- **Significado del nombre:** *Doble columna*
- **Orden:** *Saurischia*

El diplodoco poseía un cuello inmenso, que medía 7,5 m y contaba con 15 vértebras.

Tamaño de un diplodoco comparado con un ser humano

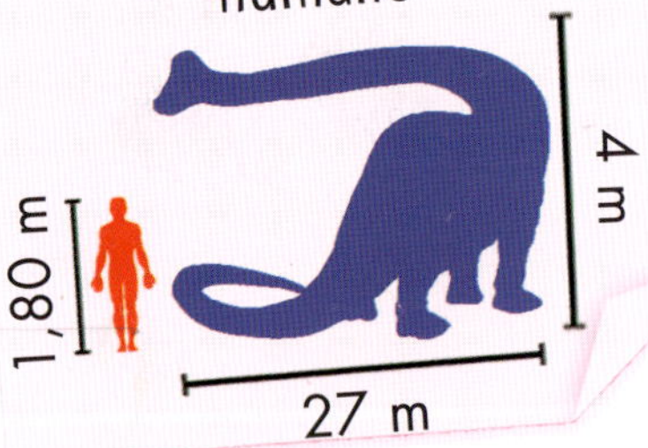

Como otros dinosaurios de la misma familia, los diplodocos avanzaban sobre cuatro patas. Eran gruesas y redondas como columnas, y terminaban en dedos cortos y cilíndricos con punta plana.

El diplodoco era todo un gigante. Su figura es claramente reconocible y se ha convertido en un símbolo de los dinosaurios: cuerpo robusto, patas de elefante, larga cola en forma de látigo y un cuello inmenso que terminaba en una cabeza diminuta.

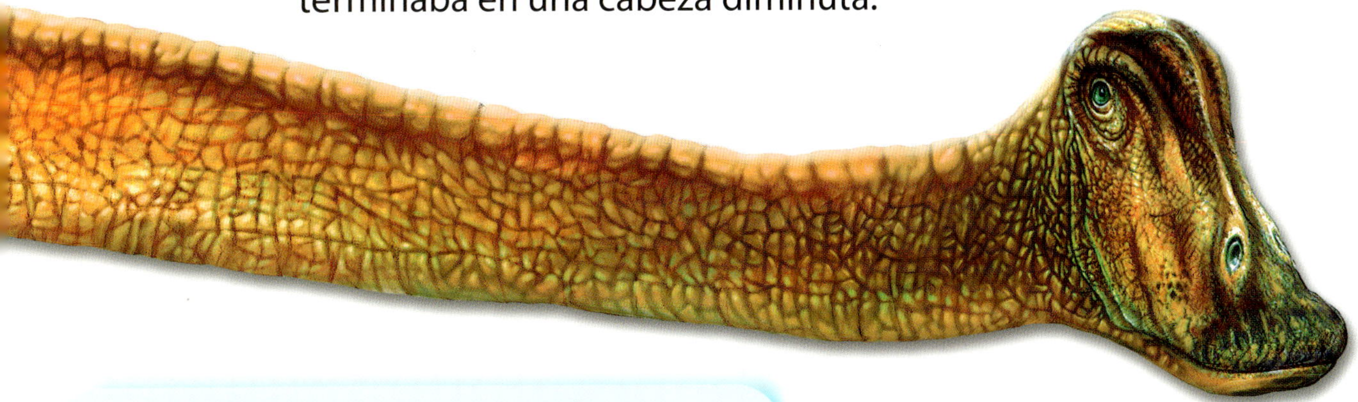

## RANGO FÓSIL

Jurásico

## HÁBITAT

Vivieron fundamentalmente en América del Norte hace unos 150-138 millones de años

## DESCRIPCIÓN

- **Longitud:** 27 m
- **Altura:** 4 m
- **Peso:** 16 toneladas
- **Otras características:** Los científicos creen que, en caso de ataque, este animal podía alzarse sobre sus patas traseras, usando la cola como apoyo y dejando libres las patas delanteras, que poseían una larga uña. Sin duda, su increíble tamaño bastaría para alejar a los posibles depredadores

La boca no era excesivamente grande, y solo contaba con pequeños dientes afilados y curvados como ganchos en la parte delantera.

✓ **Se trata del dinosaurio herbívoro por excelencia, que se alimentaba de las hojas más altas de los árboles aprovechando la enorme longitud de su cuello.**

La cola contaba con unas 70 vértebras y era ágil como un látigo, de modo que podía utilizarse para la defensa.

# Stegosaurus

## Estegosaurio

## Un hervíboro de aspecto fiero

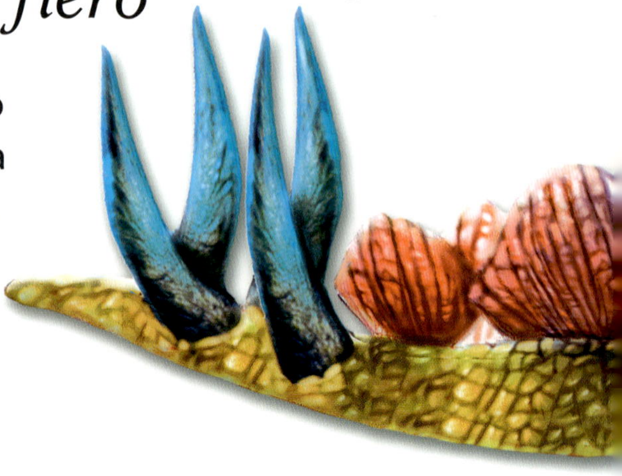

El estegosaurio era un animal de extraño aspecto: cabeza diminuta, cuerpo y cola gigantescos, y unas inmensas placas óseas que sobresalían de su espalda. Era totalmente herbívoro, como lo demuestran sus frágiles mandíbulas.

### RANGO FÓSIL

Jurásico

### HÁBITAT

Los estegosaurios vivieron hace 140 millones de años, principalmente en América del Norte y Europa

### DESCRIPCIÓN

- **Longitud:** 9 m
- **Altura:** 4 m
- **Peso:** 2 toneladas
- **Otras características:** Al parecer, las placas formaban parte de un sistema natural de refrigeración, ya que el individuo podía orientarlas para regular la cantidad de calor y de viento que recibía

### CLASIFICACIÓN CIENTÍFICA

- **Significado del nombre:** *Reptil con tejado*
- **Orden:** *Ornithischia*

La cabeza era minúscula en comparación con el resto del cuerpo. Sus débiles mandíbulas solo le permitían masticar hierbas y hojas, y el cerebro, del tamaño de una nuez, es proporcionalmente el más pequeño de la historia de la biología.

Tamaño de un estegosaurio comparado con un ser humano

✓ **Las impresionantes placas de hueso carecían de valor defensivo, y en todo caso podían servir para alejar a los depredadores o para atraer a las hembras. Sí eran peligrosas las púas de la cola, que se usaban en la defensa.**

Se desplazaban sobre cuatro patas: las dos delanteras eran muy cortas, y las traseras algo más largas para soportar mejor su enorme peso.

La cola de estos animales era extremadamente grande y musculosa, para compensar el peso del cuerpo, y estaba dotada de cuatro púas de hasta 1 m de longitud que le servían para defenderse.

Tenían el lomo y la cola cubiertos con unas grandes placas óseas.

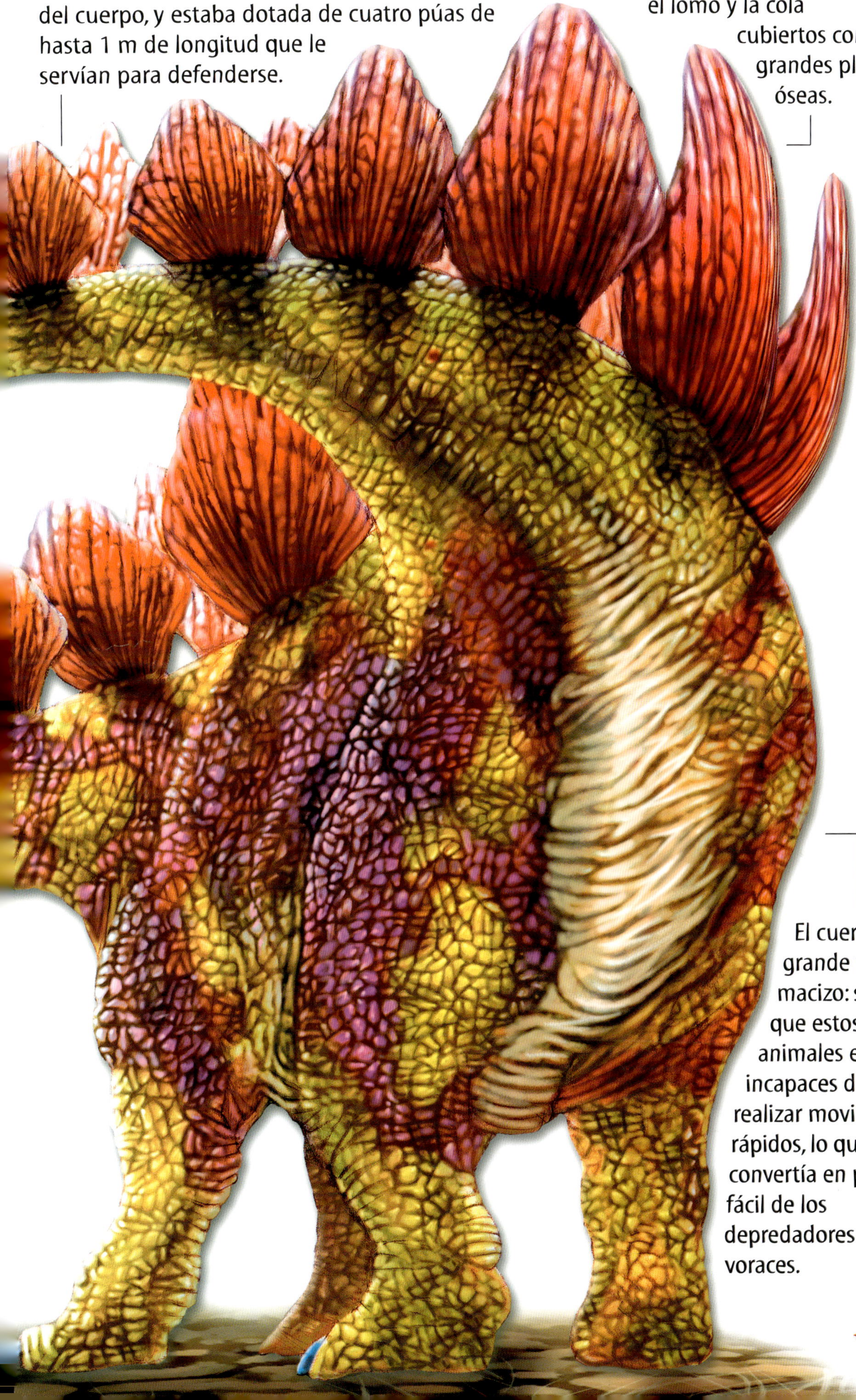

El cuerpo era grande y macizo: se cree que estos animales eran incapaces de realizar movimientos rápidos, lo que les convertía en presa fácil de los depredadores más voraces.

# Baryonyx

## Barionix

## *Un pescador con gancho*

Aún no se ha encontrado ningún esqueleto entero de este formidable dinosaurio, por lo que todavía no conocemos todas sus características.

### CLASIFICACIÓN CIENTÍFICA

- **Significado del nombre:** *Garra pesada*
- **Orden:** *Saurischia*

### RANGO FÓSIL

Cretácico

### HÁBITAT

Esta especie habitó la mayor parte de Europa hace 125 millones de años. Prefería zonas costeras o cercanas a ríos o lagos.

### DESCRIPCIÓN

- **Longitud:** 9 m
- **Altura:** 4 m
- **Peso:** 2 toneladas
- **Otras características:** Además de comer carne de otros dinosaurios más pequeños así como animales muertos, es muy posible que el barionix fuera un hábil pescador. El primer esqueleto de esta especie que se encontró tenía escamas de lepidotes, un pez del Cretácico, adheridas a las costillas del animal, lo cual hace pensar que formaba parte de su alimentación. Se cree que este dinosaurio esperaba en silencio junto al agua a que pasara un pez, para después ensartarlo con su larga garra y devorarlo. Los dientes de la parte trasera de su mandíbula, en forma de lápiz, podían servirle para sujetar los peces más escurridizos antes de tragárselos

Tamaño de un barionix comparado con un ser humano

✓ **El barionix tenía 96 dientes, el doble que la mayoría de sus parientes; 64 de estos dientes se situaban en la mandíbula inferior y 32, más largos, en la superior.**

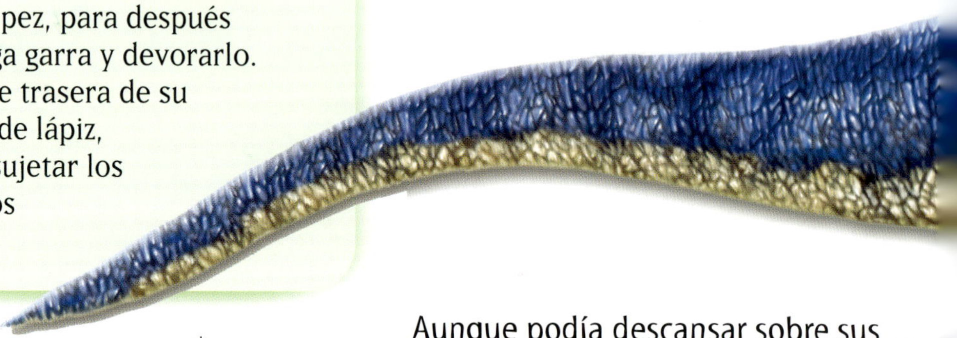

Poseía una cola que se iba estrechando hacia la punta y que le ayudaba a guardar el equilibrio.

Aunque podía descansar sobre sus cuatro patas, habitualmente el barionix prefería utilizar solo las traseras, más fuertes y poderosas, para desplazarse.

Su cabeza era muy similar a la de los actuales cocodrilos, larga y plana, y con una protuberancia en la parte superior. La alargada mandíbula estaba repleta de dientes muy afilados: los mayores en la parte delantera, y los más pequeños, en la trasera.

El cuello era largo, pero poco flexible.

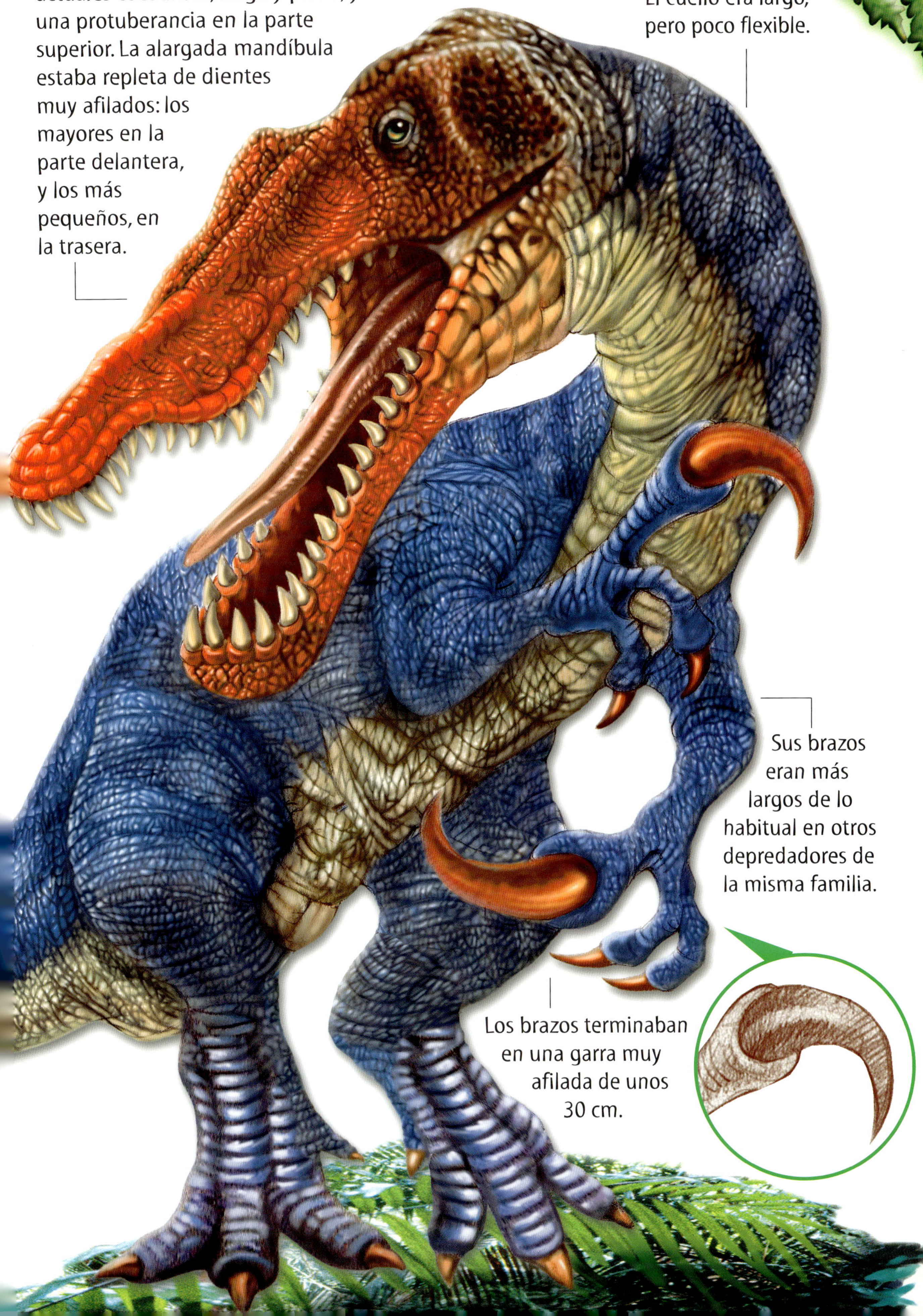

Sus brazos eran más largos de lo habitual en otros depredadores de la misma familia.

Los brazos terminaban en una garra muy afilada de unos 30 cm.

# Deinonychus

## Deinonico

## *Un depredador con vista de águila*

El deinonico era el primo americano y más robusto del famoso velocirráptor de Mongolia. Su forma física particular y la evidencia de que cazaban en manada hizo que los científicos se replantearan lo que hasta entonces se sabía sobre los dinosaurios.

Contaba con una cola larga y rígida que le servía para mantener el equilibrio, especialmente cuando corría a toda velocidad.

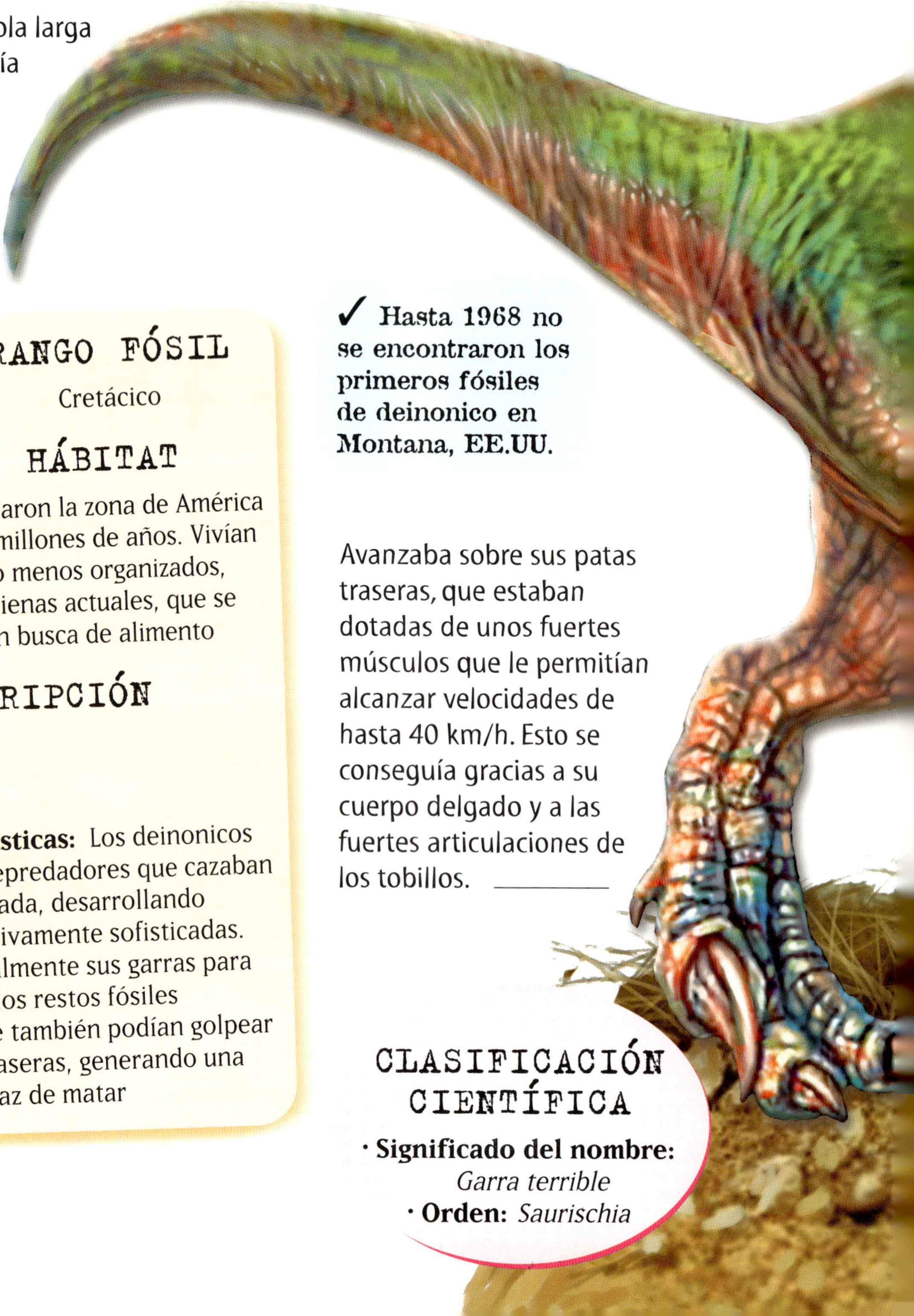

✓ **Hasta 1968 no se encontraron los primeros fósiles de deinonico en Montana, EE.UU.**

Avanzaba sobre sus patas traseras, que estaban dotadas de unos fuertes músculos que le permitían alcanzar velocidades de hasta 40 km/h. Esto se conseguía gracias a su cuerpo delgado y a las fuertes articulaciones de los tobillos.

### RANGO FÓSIL

Cretácico

### HÁBITAT

Los deinonicos poblaron la zona de América del Norte hace 115 millones de años. Vivían en grupos más o menos organizados, al igual que las hienas actuales, que se desplazaban en busca de alimento

### DESCRIPCIÓN

- **Longitud:** 3 m
- **Altura:** 1,5 m
- **Peso:** 50-70 k
- **Otras características:** Los deinonicos eran temibles depredadores que cazaban siempre en manada, desarrollando estrategias relativamente sofisticadas. Usaban principalmente sus garras para atacar, aunque los restos fósiles demuestran que también podían golpear con las patas traseras, generando una coz que era capaz de matar

### CLASIFICACIÓN CIENTÍFICA

- **Significado del nombre:** *Garra terrible*
- **Orden:** *Saurischia*

Tamaño de un deinonico comparado con un ser humano

Su cráneo presenta numerosos orificios que hacían que su cabeza fuera poco pesada.

El cráneo tenía unas cuencas oculares especialmente grandes.

La boca estaba poblada de dientes muy afilados y curvados hacia atrás.

Las extremidades delanteras eran más cortas y acababan en tres dedos provistos de garras; cuando no las utilizaban, podían recogerlas bajo el brazo, como un ave que pliega sus alas.

Las patas traseras poseían dos enormes garras en forma de gancho que servían para atrapar a sus presas.

Cuando el deinonico corría, sus mortíferas garras se mantenían perpendiculares al suelo, evitando así que se dañaran.

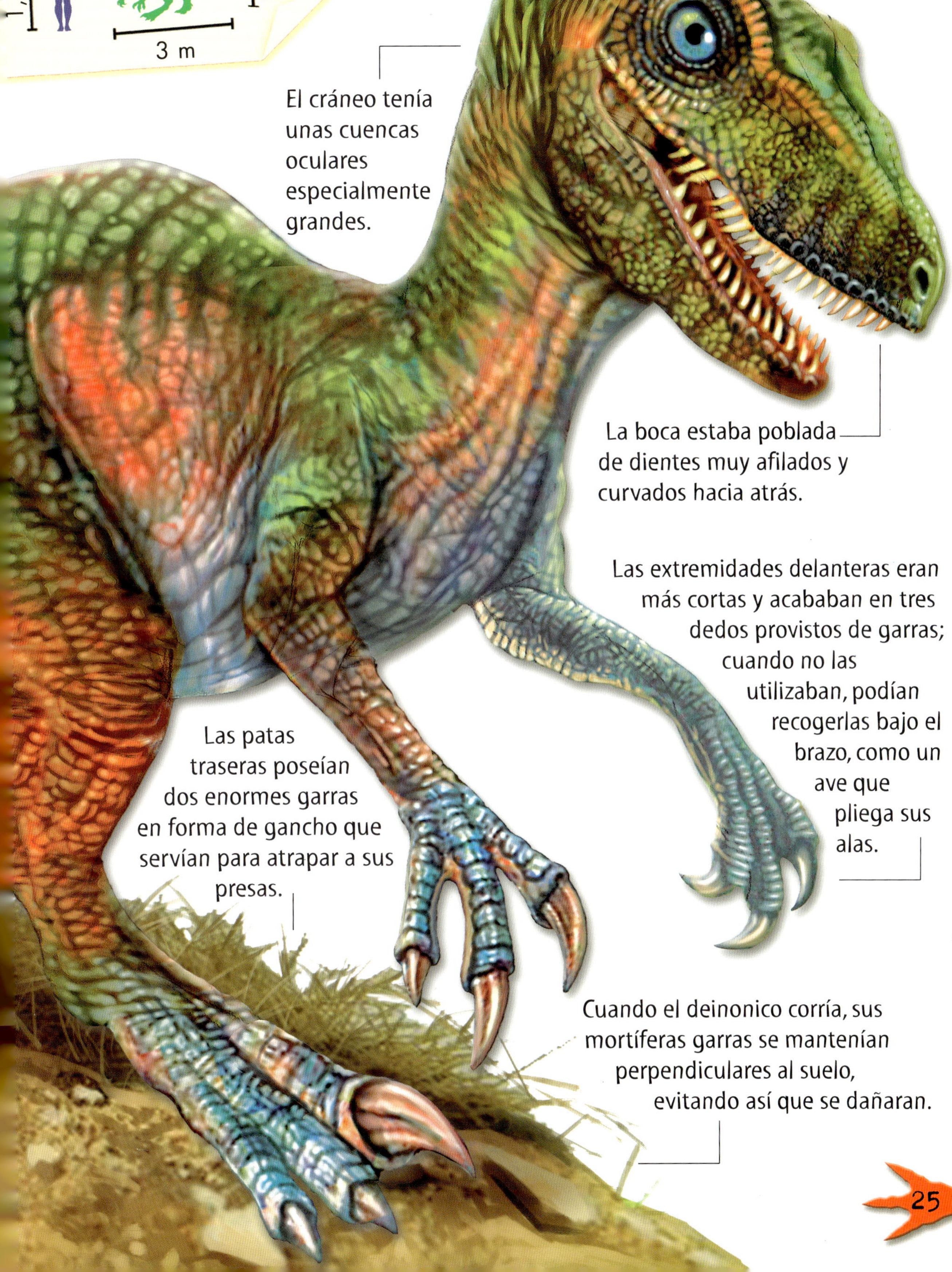

# Iguanodon

## *Iguanodonte*

### CLASIFICACIÓN CIENTÍFICA

- **Significado del nombre:** *Diente de iguana*
- **Orden:** *Ornithischia*

La boca terminaba en un pico óseo que usaba para morder las hojas. No tenía dientes en la parte delantera, pero en la parte trasera poseía unas cien muelas.

El iguanodonte tenía una cabeza relativamente pequeña.

### RANGO FÓSIL

Cretácico

### HÁBITAT

Los iguanodontes llegaron a poblar amplias zonas de Europa, norte de África, Mongolia y Norteamérica hace unos 110-120 millones de años

### DESCRIPCIÓN

- **Longitud:** 9-10 m
- **Altura:** 3 m
- **Peso:** 6 toneladas
- **Otras características:** Era un dinosaurio herbívoro, que se alzaba sobre sus patas traseras y usaba las extremidades delanteras para agarrar las hojas y ramas más altas

## ¡Qué curioso!

El iguanodonte fue el segundo dinosaurio en recibir un nombre. Fue en 1825, cuando la esposa del paleontólogo G. Mantell encontró uno de sus dientes en Inglaterra. Su marido llamó al espécimen *Iguanodon* por la similitud entre el molar encontrado y los de las iguanas. El yacimiento más grande de iguanodontes se encontró en 1878 en Bélgica, en el fondo de una mina de carbón. Se contaron hasta 39 ejemplares.

# *Un herbívoro con un magnífico pulgar*

La mayor parte de los fósiles han sido encontrados en grandes grupos, lo que hace pensar que estos dinosaurios vivían en manadas o rebaños y que se trasladaban todos juntos en busca de alimento.

**✓ En circunstancias normales, avanzaba a unos 11 km/h, pero se ha calculado que podía alcanzar los 35 km/h en caso de necesidad.**

Solía desplazarse sobre las cuatro patas, pero en ocasiones se erguía únicamente sobre las traseras, que eran más robustas.

Las extremidades anteriores eran más pequeñas y ágiles que las posteriores.

Poseía un cuerpo macizo, con una cola grande que le ayudaba a equilibrarse.

**CLASIFICACIÓN CIENTÍFICA**

· **Significado del nombre:** *Reptil loro*

· **Orden:** *Ornithischia*

# *Psittacosaurus*

## *Psitacosaurio*

✓ **Los psitacosaurios eran herbívoros que se alimentaban de hojas, tallos y flores frescas.**

Como era habitual entre sus parientes, tenía una larga cola que le ayudaba a mantener el equilibrio.

Se desplazaba sobre sus patas traseras.

# *Un dinosaurio con pico de loro*

Estos dinosaurios fueron bautizados por el paleontólogo Henry Fairfield Osborn en 1923. La mayoría de los ejemplares han sido encontrados en Mongolia, y se han descubierto muchas variaciones en tamaño y aspecto entre las diferentes especies.

**RANGO FÓSIL**

Cretácico

**HÁBITAT**

Este dinosaurio vivió en lo que hoy es Mongolia hace 100 millones de años

**DESCRIPCIÓN**

- **Longitud:** 2 m
- **Altura:** 1 m
- **Peso:** Unos 20 k
- **Otras características:** Pertenecía a la familia de los dinosaurios con cuernos, aunque estos apenas eran perceptibles

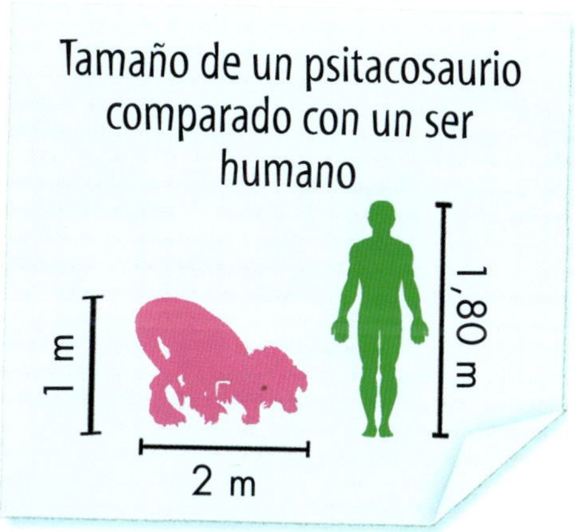

La cabeza era pequeña y redondeada, con un cráneo que no medía más de 15 cm.

Su elemento más característico era el pico de loro, que servía para cortar las hojas más duras que le servían como alimento. Poseía unos poderosos dientes que funcionaban como tijeras y que despedazaban la comida antes de que fuera engullida.

Utilizaba las patas delanteras, que eran flexibles y estaban provistas de cuatro dedos con garras, para conseguir el alimento de los troncos de los árboles.

# Sauropelta
## *Sauropelta*

## *El mejor blindaje del Cretácico*

Sus dientes eran pequeños y tenían forma de hoja, por lo que eran incapaces de masticar ramas realmente duras. No obstante, la boca terminaba en un pico bastante afilado que servía para cortar los tallos de las plantas.

La cabeza del sauropelta era proporcionalmente pequeña y estrecha.

Su mejor defensa era su excelente blindaje: cuando era atacado, el sauropelta encogía sus patas como las tortugas actuales y utilizaba sus garras para anclarse al suelo. La única forma de derrotarle era darle la vuelta, de manera que quedara inmovilizado, y con la panza, carente de blindaje, al descubierto.

## CLASIFICACIÓN CIENTÍFICA

- **Significado del nombre:** *Reptil escudo*
- **Orden:** *Ornithischia*

## RANGO FÓSIL

Cretácico

## HÁBITAT

El sauropelta vivió en lo que hoy es EE.UU. hace unos 110 millones de años

## DESCRIPCIÓN

- **Longitud:** 7,6 m
- **Altura:** 2 m
- **Peso:** 3 toneladas
- **Otras características:** Este pacífico herbívoro podría defenderse dando golpes con su cola, que debido a las placas óseas, protuberancias y púas, era un arma absolutamente mortífera

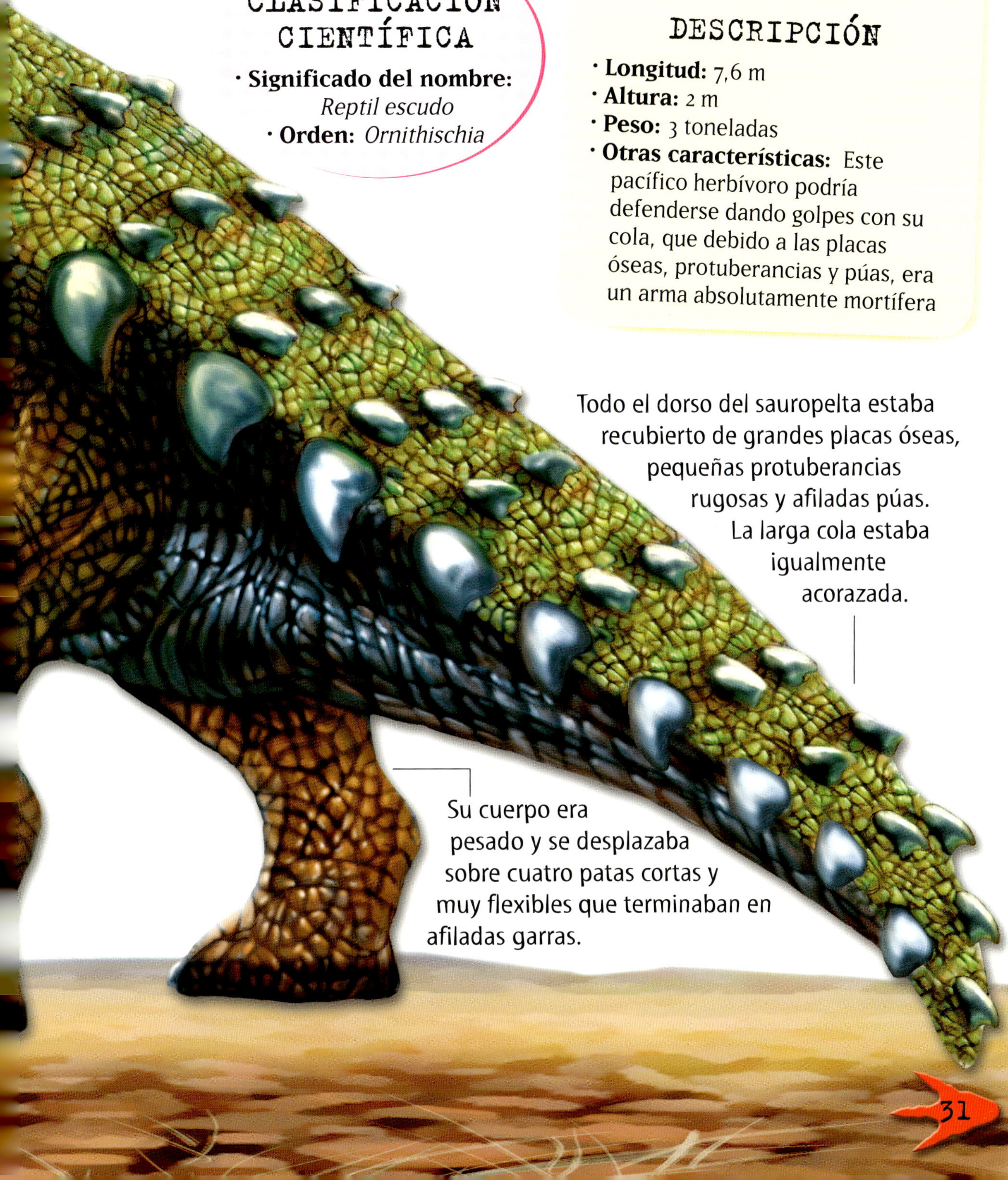

Todo el dorso del sauropelta estaba recubierto de grandes placas óseas, pequeñas protuberancias rugosas y afiladas púas. La larga cola estaba igualmente acorazada.

Su cuerpo era pesado y se desplazaba sobre cuatro patas cortas y muy flexibles que terminaban en afiladas garras.

**CLASIFICACIÓN CIENTÍFICA**

· **Significado del nombre:** *Pato gigante*

· **Orden:** *Ornithischia*

✓ Era tan largo como tres coches en fila y tan pesado como un rinoceronte.

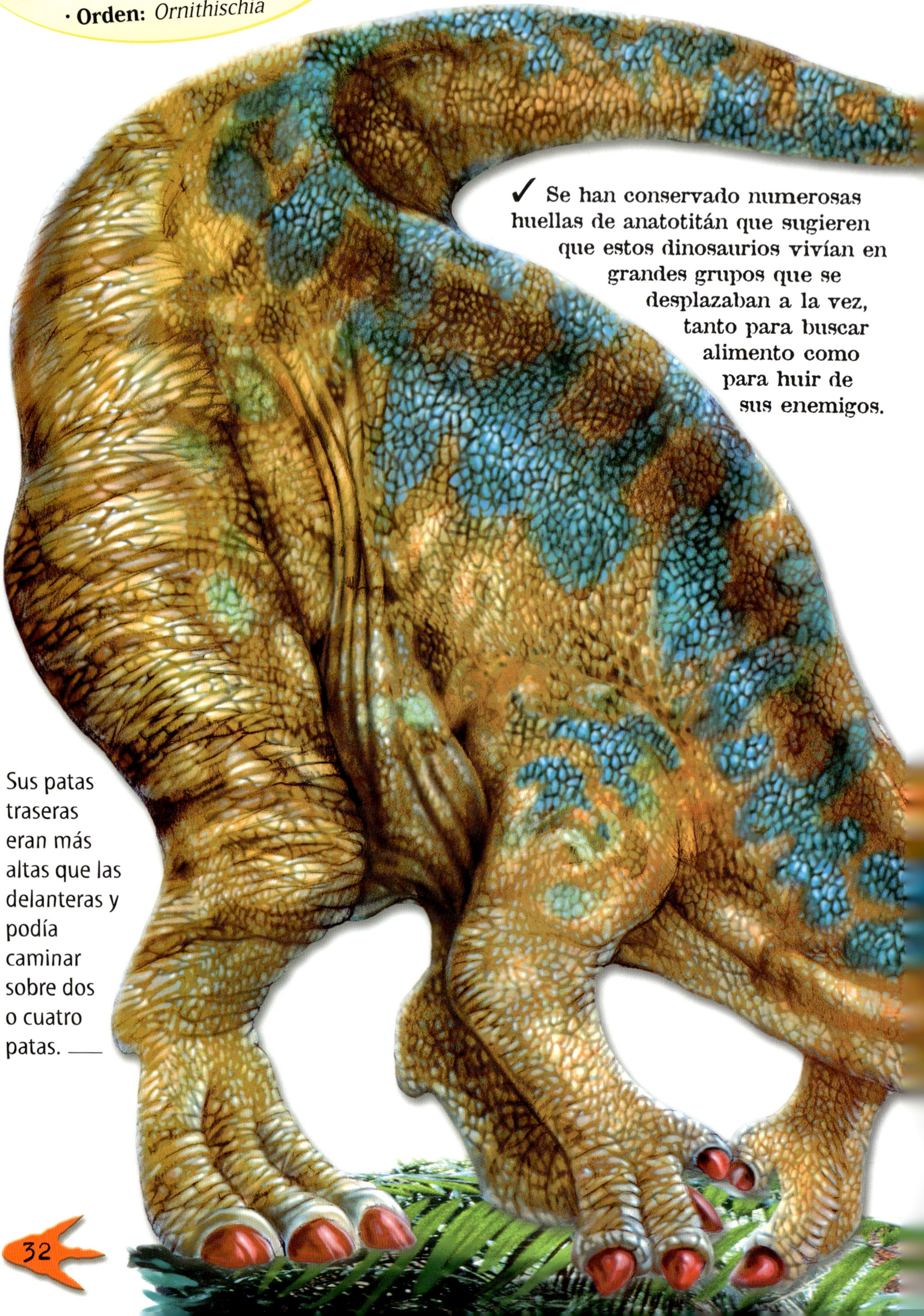

✓ Se han conservado numerosas huellas de anatotitán que sugieren que estos dinosaurios vivían en grandes grupos que se desplazaban a la vez, tanto para buscar alimento como para huir de sus enemigos.

Sus patas traseras eran más altas que las delanteras y podía caminar sobre dos o cuatro patas.

# Anatotitan

## *El pato gigante*



El descubrimiento de este dinosaurio es bastante tardío, ya que no se produjo hasta 1990. Los primeros fósiles fueron bautizados por Ralph Chapman y Michael Brett-Surman, tras haberlos descubierto en Dakota del Sur, EE.UU.

### RANGO FÓSIL

Cretácico

### HÁBITAT

Estos enormes animales vivieron hace 75 millones de años en las zonas bajas de América del Norte, cerca de ríos o marismas

### DESCRIPCIÓN

- **Longitud:** 12 m
- **Altura:** 4 m
- **Peso:** 2 toneladas
- **Otras características:** Algunas evidencias, como el tamaño de los ojos, sugieren que este animal tenía unos sentidos particularmente agudos, por lo que quizá pudiera darse cuenta de que se acercaban los depredadores con tiempo suficiente para escapar

A ambos lados de la boca disponía de unas bolsas de piel que podían hincharse a voluntad, y que probablemente servían para emitir sonidos.

El pico de este dinosaurio no tenía dientes, pero estaba afilado de modo que servía para cortar los tallos que eran su alimento. Al fondo de la boca sí poseía pequeños molares en forma de rombo, unidos unos a otros con una especie de cemento, que servían para triturar lo que ingerían.

✓ **Se alimentaba de las plantas, hojas, frutas y piñas que crecían en los bosques del Cretácico.**

# *Carnotaurus*

## *Carnotauro*

**RANGO FÓSIL**

Cretácico

**HÁBITAT**

Su expansión se produjo en el continente sudamericano hace unos 100-90 millones de años

**DESCRIPCIÓN**

- **Longitud:** 9 m
- **Altura:** 3,5 m
- **Peso:** 1,5 toneladas
- **Otras características:** Tenía la piel recubierta de pequeñas protuberancias que le daban un aspecto rugoso. Además, en la cabeza tenía grandes escamas verticales que formaban un dibujo alrededor de los ojos y encima del hocico

## *Un tiranosaurio con cuernos*

El único fósil conocido de carnotauro se encontró en la Patagonia, en Argentina, en 1985, y consta de un esqueleto prácticamente entero.

Contaba con una inmensa cola que le ayudaba a mantener el equilibrio cuando avanzaba a toda velocidad.

✓ El carnotauro era carnívoro, y se alimentaba fundamentalmente de la carne de dinosaurios herbívoros. Las vértebras de su cuello demuestran que tenían más agilidad que otros depredadores, por lo que es posible que atacaran a los reptiles voladores, los pterodáctilos.

## CLASIFICACIÓN CIENTÍFICA

- **Significado del nombre:** *Toro carnívoro*
- **Orden:** *Saurischia*

Tamaño de un carnotauro comparado con un ser humano

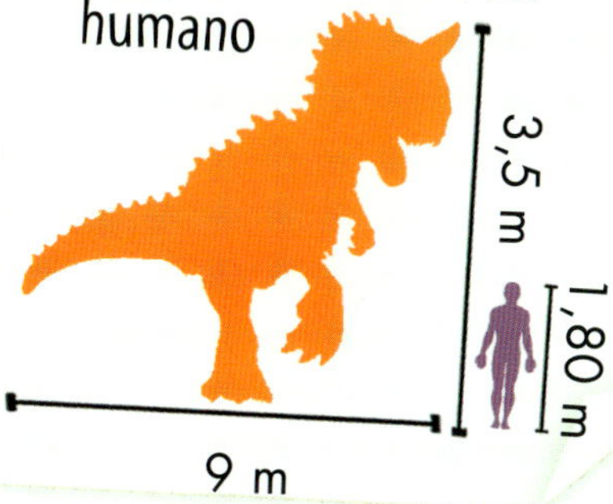


Poseía una boca enorme, poblada de dientes de 4 cm de largo que se curvaban hacia dentro y que usaban para despedazar la carne de las presas.

Sus brazos eran excepcionalmente pequeños si se comparan con su cuerpo, que era macizo y musculoso.

El carnotauro se desplazaba sobre sus patas traseras, que eran largas, fuertes y muy musculosas y acababan en afiladísimas garras.

DIN A-5

## Dinopregunta

### ✓ ¿Para qué le servían los dos cuernos?

Se trata del primer carnívoro de la historia natural que presenta dos cuernos, pequeños y planos, sobre la cabeza, por encima de los ojos. Estaban poco desarrollados y no le servían para atacar, aunque se cree que los machos los tenían más grandes que las hembras y quizá les servían como reclamo a la hora de aparearse.

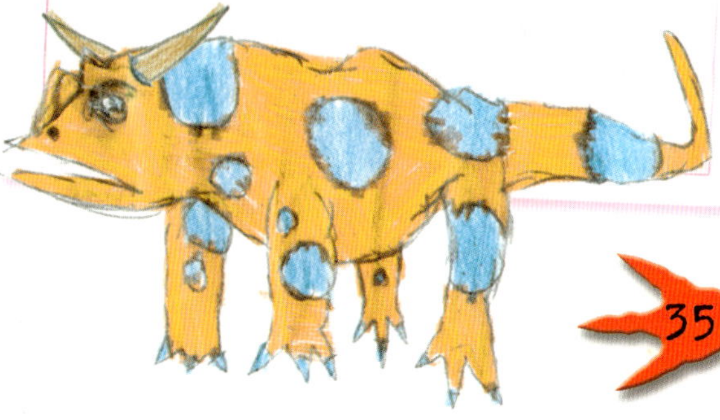

# Kentrosaurus

## Kentrosaurio

**CLASIFICACIÓN CIENTÍFICA**

- **Significado del nombre:** *Reptil espinoso*
- **Orden:** *Ornitischia*

### El unicornio del Cretácico

Vivía en grupos organizados que tenían un sistema muy elaborado de defensa. Cuando los depredadores atacaban la manada, los machos adultos formaban un círculo alrededor de las crías y de las hembras, impidiendo que los atacantes llegaran hasta ellos.

**RANGO FÓSIL**

Cretácico

**HÁBITAT**

El kentrosaurio vivió sobre todo en la zona de Canadá hace unos 80 millones de años

**DESCRIPCIÓN**

- **Longitud:** 2,5-3 m
- **Altura:** 2 m
- **Peso:** 450 k
- **Otras características:** Los científicos piensan que la placa ósea que tenía el kentrosaurio en su cabeza estaba teñida de vivos colores, y que probablemente sirviera como reclamo para la reproducción o para mostrar la posición social dentro de la manada

Sobre la nariz, tenía un único cuerno muy afilado que podía usar para defenderse de los depredadores en caso de ataque. La boca terminaba en un pico córneo, y estaba poblada de dientes afilados como cuchillas que volvían a crecer en caso de desgaste.

✓ **Este dinosaurio se alimentaba de plantas que crecían a poca altura, como arbustos, helechos o hierbas.**

Su cabeza era muy grande, con casi 1,5 m de longitud, por lo que requería un cuello y unos hombros excepcionalmente fuertes. Estaba provista de una gran placa ósea adornada con protuberancias cuyo dibujo variaba de un individuo a otro.

Tamaño de un kentrosaurio comparado con un ser humano

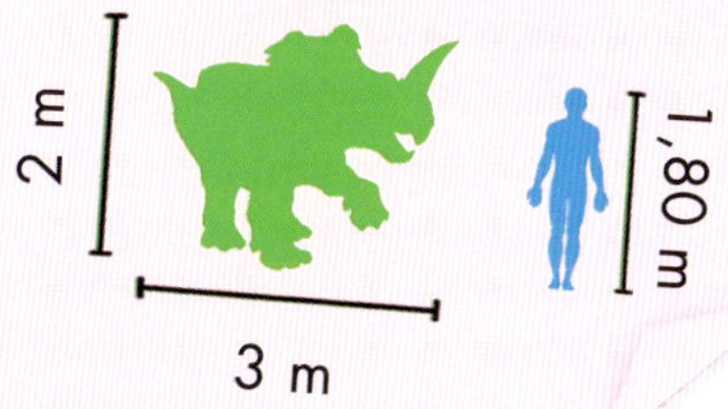

Tenía un cuerpo robusto y grueso que se apoyaba sobre cuatro patas fuertes como columnas; las delanteras eran un poco más cortas que las traseras y bastante más fuertes, y acababan en garras no afiladas. Los dedos estaban acolchados, lo que le permitía repartir su peso de forma más equilibrada.

# Chasmosaurus

## Chasmosaurio

### CLASIFICACIÓN CIENTÍFICA

- **Significado del nombre:** *Reptil del barranco*
- **Orden:** *Ornitischia*

## Un dinosaurio con capa

La característica más señalada del chasmosaurio es la enorme placa ósea que le cubría cuello y omoplatos. Estaba recubierta de una piel semejante a la de los cocodrilos, y de los bordes sobresalían huesos puntiagudos.

### RANGO FÓSIL

Cretácico

### HÁBITAT

El chasmosaurio vivió en la actual Norteamérica, desde Canadá a México, hace unos 80 millones de años

### DESCRIPCIÓN

- **Longitud:** 6 m
- **Altura:** 2,5 m
- **Peso:** más de 3 toneladas
- **Otras características:** Este pacífico herbívoro comía hierbas, hojas y ramas. Algunos científicos sostienen que hacía grandes migraciones en grupo para buscar alimento

Tamaño de un chasmosaurio comparado con un ser humano

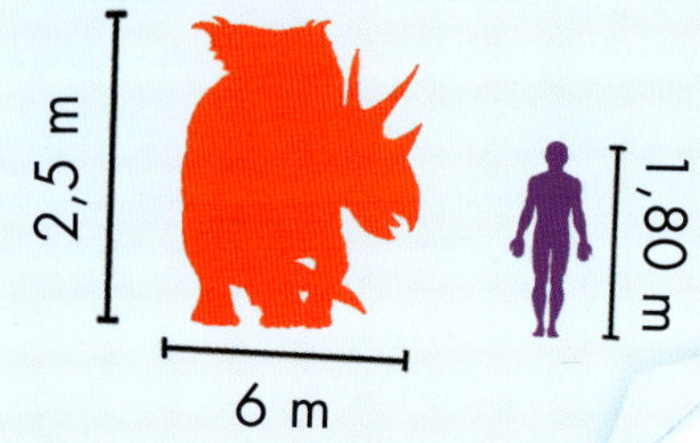

## Dinopregunta

✓ ¿Para qué le servía la placa del cuello?

Cuando el chasmosaurio bajaba su cabeza, los demás dinosaurios probablemente se asustarían mucho por su espectacular cuello, que constituía una coraza de más de 2 m, es decir, casi la mitad del porte total de este dinosaurio. Por lo tanto, podría tratarse de un método de defensa.

La boca terminaba en un pico ganchudo que no tenía dientes en la parte delantera. Al final de las mandíbulas poseía unos dientes afilados como cuchillas que servían para triturar el alimento.

✓ **La cabeza del chasmosaurio era insólitamente grande, ya que el cráneo podía llegar a medir 2 m.**

Poseía tres cuernos, dos sobre los ojos y uno en el hocico, letales en una embestida directa.
Caminaba sobre cuatro fuertes patas que acababan en garras no afiladas.

# Corythosaurus

## *Coritosaurio*

## *Un gigante con cresta*

**CLASIFICACIÓN CIENTÍFICA**

- **Significado del nombre:** *Reptil con casco*
- **Orden:** *Ornitischia*

El cuerpo era macizo y presentaba una especie de joroba.

La cola larga y musculosa le ayudaba a mantener el equilibrio.

Se desplazaba sobre sus extremidades traseras, más largas y fuertes que las delanteras, que eran ágiles y flexibles y se utilizaban para alcanzar el alimento.

Tamaño de un coritosaurio comparado con un ser humano

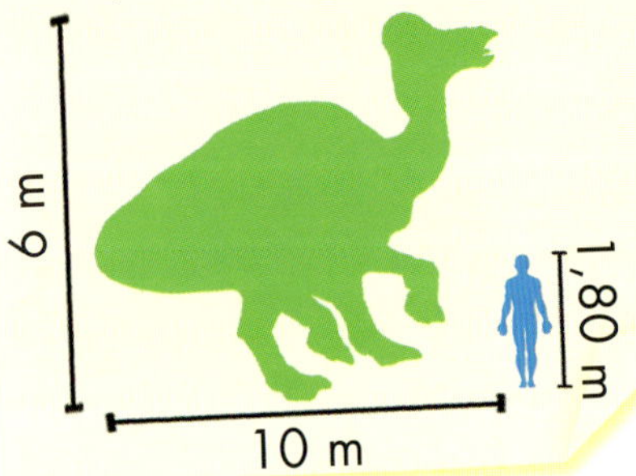


✓ **El coritosaurio se alimentaba principalmente de plantas, ramas, raíces y piñas. Su gran altura le permitía alcanzar las hojas más altas de los árboles.**

Su nombre de «reptil con casco» lo recibe debido a su cresta, que tiene una forma similar a la del casco de los antiguos guerreros atenienses.

El cráneo medía unos 79 cm de alto.

La boca terminaba en un pico de pato que carecía de dientes. Sin embargo, las mandíbulas presentaban cientos de pequeños dientes que se encargaban de triturar los alimentos. Cuando un diente se caía o se desgastaba, crecía otro en su lugar.

## RANGO FÓSIL

Cretácico

## HÁBITAT

Esta especie habitó la zona del actual Canadá hace unos 75 millones de años

## DESCRIPCIÓN

- **Longitud:** 10 m
- **Altura:** 6 m
- **Peso:** 4 toneladas
- **Otras características:** Las crías nacían con solo una pequeña protuberancia sobre la nariz, pero con los años esta iba creciendo en formas, colores y tamaños que variaban según los individuos. Esta cresta tenía una serie de conductos que estaban conectados con las fosas nasales, de modo que el coritosaurio podía emitir un bramido muy característico que además les permitía identificarse unos a otros

# Dromiceiomimus

## *Dromiceiomimo*

Al correr, la cola se mantenía rígida para proporcionar equilibrio.

### *Un corredor con cerebro*

El dromiceiomimo era muy parecido a los actuales emúes, unas aves incapaces de volar que viven en Australia. Se trata de uno de los dinosaurios más rápidos de la historia, capaz de alcanzar una velocidad de 72 km/h.

**RANGO FÓSIL**

Cretácico

**HÁBITAT**

Habitó la zona del actual Canadá hace unos 80-60 millones de años

**DESCRIPCIÓN**

- **Longitud:** 3,6 m
- **Altura:** 2 m
- **Peso:** 100-150 k
- **Otras características:** Algunos científicos sostienen que este dinosaurio debía contar con algún tipo de camuflaje que le ayudara a pasar inadvertido

**CLASIFICACIÓN CIENTÍFICA**

- **Significado del nombre:** *Imitador de emúes*
- **Orden:** *Saurischia*

## Dinopregunta

✓ ¿Qué comía?

La dieta de este dinosaurio era muy variada, ya que incluía desde pequeños mamíferos, lagartos e insectos voladores hasta plantas, hojas y frutos silvestres. Su excelente visión, su gran cerebro y su rapidez le convertían en un cazador temible, aunque debido a su tamaño sus presas tenían que ser forzosamente pequeñas.

Avanzaban sobre sus patas traseras, que eran delgadas pero muy fuertes y capaces de sujetar su cuerpo ligero y delgado.

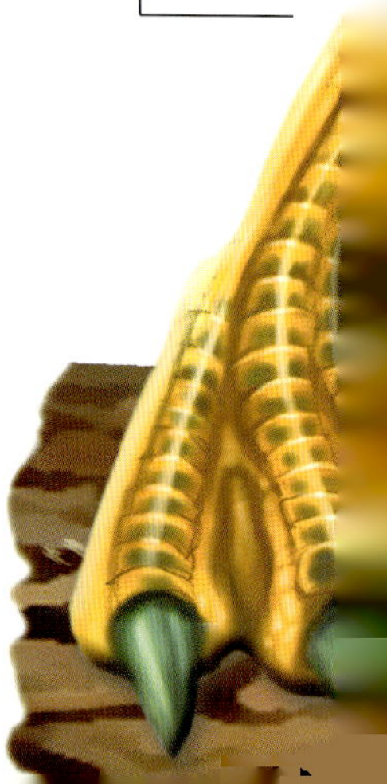

La cabeza era relativamente pequeña, aunque provista de un cerebro mucho mayor de lo habitual entre los dinosaurios. Tenía un pico sin dientes, semejante al de las aves actuales, y ojos muy grandes que le permitían ver a sus presas y depredadores desde una gran distancia.

El dromiceiomimo tenía un cuello muy largo y extraordinariamente ágil, que reaccionaba de forma instantánea a cualquier estímulo.

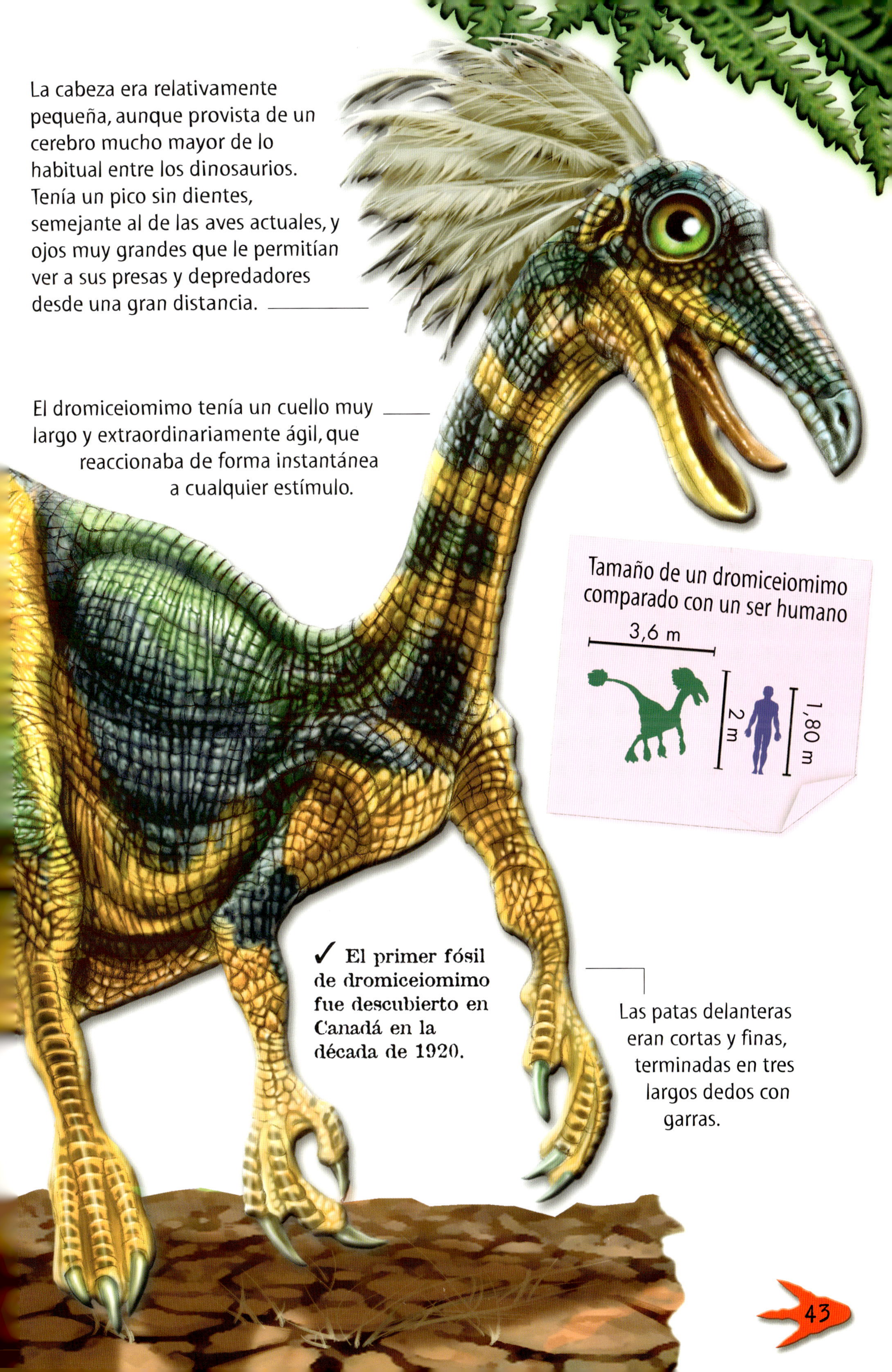

Tamaño de un dromiceiomimo comparado con un ser humano



✓ **El primer fósil de dromiceiomimo fue descubierto en Canadá en la década de 1920.**

Las patas delanteras eran cortas y finas, terminadas en tres largos dedos con garras.

# Maiasaurus

## Maiasaurio

### El dinosaurio más maternal

**CLASIFICACIÓN CIENTÍFICA**

- **Significado del nombre:** *Reptil maternal*
- **Orden:** *Ornitischia*

Sobre los ojos, en la parte superior de la cabeza, tenían una protuberancia ósea muy característica.

Su hocico tenía forma de pico de pato, con varias filas de dientes en la parte posterior de la boca que les servían para triturar las hojas y tallos que comían.

✓ **Se piensa que utilizaban los mismos nidos, que eran agujeros en el barro, de año en año.**

Tamaño de un maiasaurio comparado con un ser humano

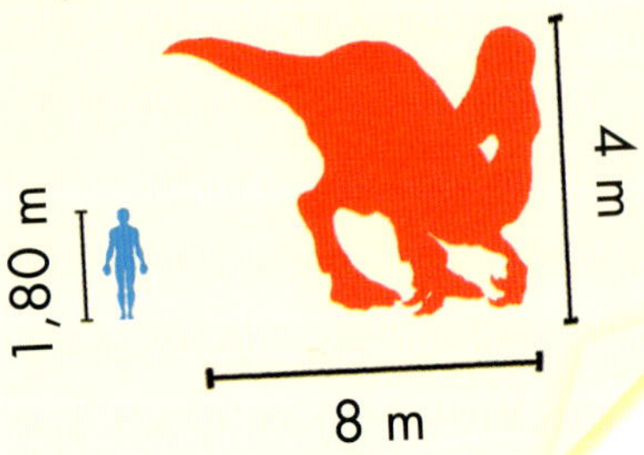

Los primeros fósiles de maiasaurio fueron descubiertos por el paleontólogo Jack Horner en 1979 en Montana, EE.UU., y supusieron toda una revolución. Hasta ese momento, se pensaba que los dinosaurios no prestaban ninguna atención a sus huevos una vez los habían puesto. Este «lagarto maternal» demostró lo contrario.

Solía caminar sobre las cuatro patas, aunque posiblemente fuera capaz de erguirse sobre las traseras, para lo cual usaba su gran cola aplanada, que le ayudaba a mantener el equilibrio.

## RANGO FÓSIL

Cretácico

## HÁBITAT

Los maiasaurios vivieron sobre todo en la zona de Montana, EE.UU.

## DESCRIPCIÓN

- **Longitud:** 8 m
- **Altura:** 4 m
- **Peso:** 2 toneladas
- **Otras características:** Es probable que tuvieran la vista y el oído muy desarrollados, de modo que podían detectar a sus enemigos con antelación

Los fósiles demuestran que una hembra podía poner entre 18 y 30 huevos cada vez, y que ambos progenitores se consagraban a la defensa del nido hasta que las crías hubieran nacido. Después, se iban turnando para traer comida con que alimentar a su descendencia, llegando a masticar las hojas más duras antes de dárselas a sus pequeños. Cuando las crías habían crecido lo suficiente, se incorporaban como miembros adultos de la misma manada a la que pertenecían sus padres.

# Oviraptor

## Ovirráptor

## El ladrón de huevos

**CLASIFICACIÓN CIENTÍFICA**

- **Significado del nombre:** *Ladrón de huevos*
- **Orden:** *Saurischia*

✓ **Probablemente eran animales solitarios, que se veían obligados a recurrir a su gran velocidad para huir de sus enemigos.**

En la cabeza, el ovirráptor tenía una protuberancia que variaba mucho en forma y tamaño de un individuo a otro.

Las extremidades delanteras tenían tres dedos, y probablemente le permitieran prender cosas y hasta manipularlas.

El ovirráptor tenía un pico curvo y sin dientes, así como dos púas muy afiladas en el paladar.

Los huesos de sus hombros estaban unidos por una clavícula curvada, lo cual le diferencia de otros dinosaurios.

Tamaño de un ovirráptor comparado con un ser humano

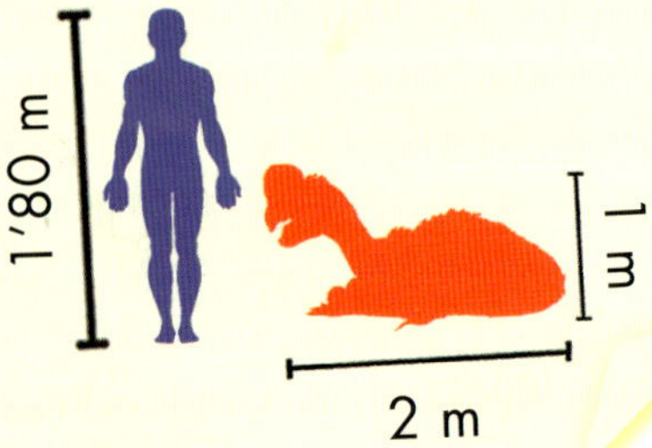

Como su propio nombre indica, el ovirráptor se alimentaba principalmente de los huevos de otros dinosaurios. Toda su anatomía está adaptada para ello. Las manos le servían para agarrar el huevo, las dos púas para romper la dura cáscara, y el pico afilado para sorberlo.

## Dinopregunta

### ✓ ¿Para qué le servía la protuberancia de la cabeza?

En algunos casos tenía la forma de una gran cresta, y otras veces era una especie de bulto sobre la nariz. Los científicos piensan que quizá era algún tipo de reclamo sexual, pero no se sabe con seguridad porque no se ha encontrado un cráneo entero de ovirráptor.

**RANGO FÓSIL**

Cretácico

**HÁBITAT**

Estos animales vivieron hace 80 millones de años en la zona de la actual Mongolia

**DESCRIPCIÓN**

- **Longitud:** 2 m
- **Altura:** 1 m
- **Peso:** 11 k
- **Otras características:** Algunos científicos actuales empiezan a dudar de que el ovirráptor se alimentara realmente de huevos, y han planteado que podría vivir de moluscos similares a las ostras actuales

Avanzaba sobre sus patas traseras, que eran largas y fuertes y acababan en tres dedos provistos de garras.

**CLASIFICACIÓN CIENTÍFICA**

· **Significado del nombre:** *Reptil con cresta de bordes paralelos*
· **Orden:** *Saurischia*

La característica más señalada del parasaurolofo es su gran cresta con forma de tubo, que sobresalía de la cabeza y llegaba a medir hasta 1,8 m.

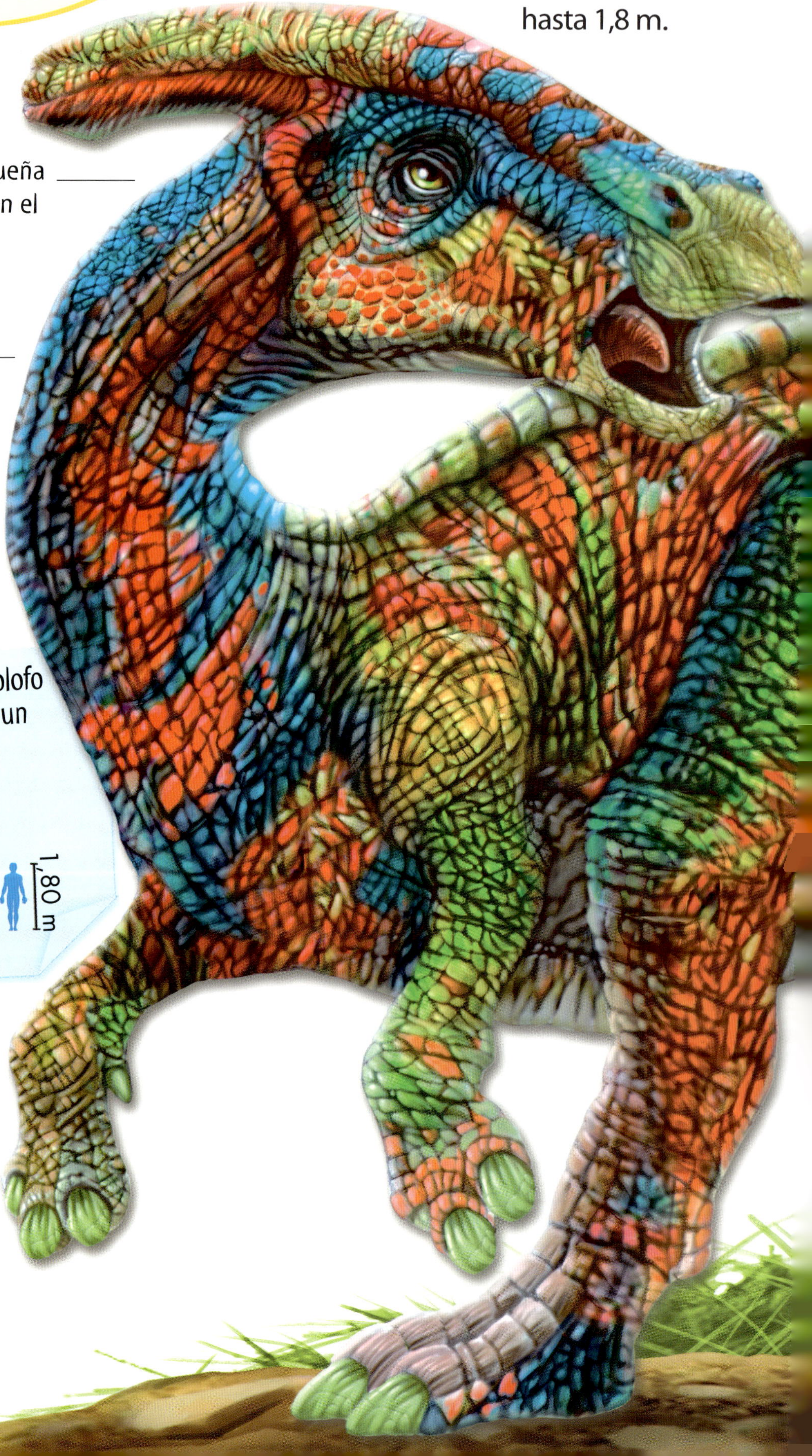

Tenía la cabeza relativamente pequeña en comparación con el cuerpo.

En la boca tenía varias hileras de dientes superpuestos que le ayudaban a triturar las plantas y frutas de que se alimentaba.

Tamaño de un parasaurolofo comparado con un ser humano

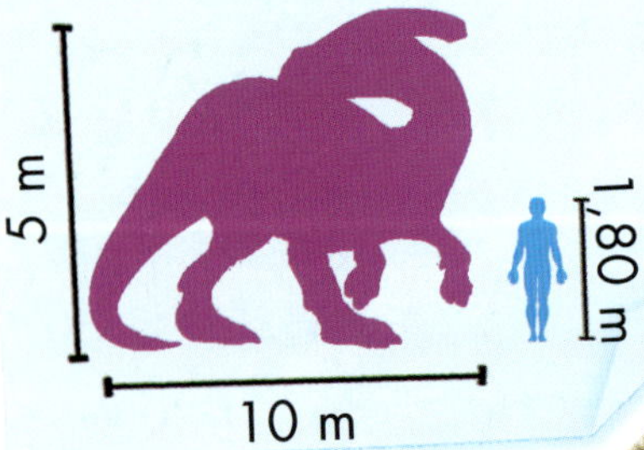


✓ **No tenía defensas naturales contra los depredadores, de modo que se veía obligado a huir y refugiarse en aguas profundas.**

# *Parasaurolophus*

## *Parasaurolofo*

## *El bramido del Cretácico*

**RANGO FÓSIL**

Cretácico

**HÁBITAT**

El parasaurolofo vivió en la actual Norteamérica hace unos 80-66 millones de años

**DESCRIPCIÓN**

- **Longitud:** 10 m
- **Altura:** 5 m
- **Peso:** 4 toneladas
- **Otras características:** El tamaño de la cresta variaba según el sexo y la edad, por lo que podía servir también como reclamo para la reproducción

Aunque solía desplazarse sobre sus cuatro patas, era capaz de erguirse y avanzar solo sobre las traseras, que eran más largas y fuertes que las delanteras.

Su poderosa cola era prácticamente su único medio de defensa, ya que además de ayudarle a mantener el equilibrio, era capaz de moverse como la aleta de un pez, lo que le convertía en un gran nadador.

## Dinopregunta

✓ ¿Para qué servía su cresta?

Hueca por dentro y comunicada con las fosas nasales, los científicos piensan que se utilizaba para emitir un poderoso bramido que podía escucharse a varios kilómetros a la redonda. Al respirar, el parasaurolofo expulsaba el aire por la cresta a gran velocidad, lo cual la hacía vibrar y producía un sonido semejante al de los instrumentos de viento actuales.

Tamaño de un protocerátopo comparado con un ser humano

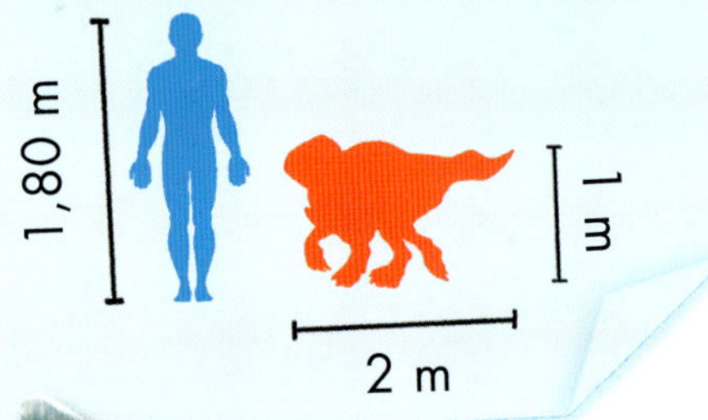


El protocerátopo era un dinosaurio relativamente pequeño. Se han encontrado especímenes de tamaños muy diferentes, lo que permite pensar que había muchas variaciones entre machos y hembras. Sin embargo, su cabeza maciza, la placa ósea sobre el cuello y el pico afilado le proporcionaban un aspecto muy feroz.

La cola, larga y gruesa, le servía para equilibrarse.

Estos dinosaurios poseían un cuerpo macizo y pesado, pero podían desplazarse a gran velocidad corriendo con sus cuatro gruesas patas.

✓ **La placa ósea que tenía alrededor del cuello servía para proteger al individuo de los depredadores y, por otro lado, formaba parte del ritual de cortejo entre machos y hembras.**

## RANGO FÓSIL

Cretácico

## HÁBITAT

Los protocerátopos vivieron a finales del Cretácico, hace unos 110-66 millones de años, especialmente en la zona de la actual Mongolia, en Asia.

## DESCRIPCIÓN

- **Longitud:** 2 m
- **Altura:** 1 m
- **Peso:** 180 k
- **Otras características:** En 1922, una expedición científica al desierto del Gobi (Mongolia) encontró los primeros huevos de dinosaurio de la historia de la paleontología en un nido de protocerátopos compartido por varias hembras. Hasta entonces, los científicos no se ponían de acuerdo sobre la forma en que se reproducían los dinosaurios.

# *Protoceratops*

## Protocerátopo

## *Del tamaño de una mascota*

**CLASIFICACIÓN CIENTÍFICA**

- **Significado del nombre:** *Primera cara con cuernos*
- **Orden:** *Ornithischia*

Alrededor del cuello contaba con una placa de hueso que iba creciendo con los años.

La mandíbula tenía unos músculos muy poderosos que servían para arrancar las ramas y hojas más duras.

# Stegoceras

## Estegoceras

**CLASIFICACIÓN CIENTÍFICA**

- **Significado del nombre:** *Bóveda callosa*
- **Orden:** *Ornithischia*

Su característica más destacada es sin duda el cráneo, que alcanzaba un grosor de hasta 6 cm. Además, presentaba una serie de protuberancias óseas que delimitaban la zona del cráneo a la manera de un casco.

Usaba la larga cola para equilibrar su pesado cuerpo.

**✓ Se trata de un pacífico dinosaurio herbívoro, que se alimentaba principalmente de helechos y plantas.**

Caminaba sobre sus patas traseras, que eran más grandes y fuertes que las delanteras.

# *Un dinosaurio con casco*

✓ **Algunos científicos creen que los estegoceras no luchaban chocando sus cráneos, pero sí pudieron haber puesto sus cabezas juntas y empujarse, luchando como los toros de hoy en día.**

**RANGO FÓSIL**

Cretácico

**HÁBITAT**

El estegoceras vivió en América del Norte hace unos 75 millones de años

**DESCRIPCIÓN**

- **Longitud:** 2,5 m
- **Altura:** 1,5 m
- **Peso:** 50 k
- **Otras características:** Se cree que formaba amplias manadas, y que los machos luchaban a cabezazos para obtener el derecho a aparearse con las hembras

Con su boca en forma de pico arrancaba el alimento de los troncos y tallos, y después lo trituraba con sus poderosas muelas, de modo parecido al que utilizan las cabras actuales.

Tamaño de un estegoceras comparado con un ser humano

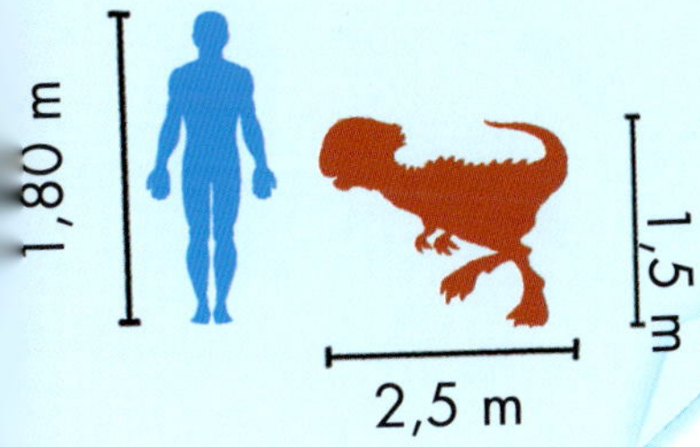


✓ **El primer fósil de estegoceras fue descubierto en 1902 por el paleontólogo canadiense Lawrence Lambe.**

**Dinopregunta**

DINA-5

## ✓ ¿Para qué un cráneo tan grueso?

Este grueso cráneo protegía un cerebro del tamaño aproximado de un huevo de gallina, que se encontraba a salvo de los golpes que la cabeza de este dinosaurio pudiera recibir. De hecho, todo el cuerpo del estegoceras está diseñado para amortiguar golpes en la cabeza, desde el cuello a las vértebras y la propia cola, lo que hace pensar que se defendía de sus atacantes a cabezazos.

## CLASIFICACIÓN CIENTÍFICA

- **Significado del nombre:** *Cara con tres cuernos*
- **Orden:** *Ornithischia*

## RANGO FÓSIL

Cretácico

## HÁBITAT

Los tricerátopos evolucionaron poco antes de la extinción masiva de los dinosaurios, es decir, hace unos 70 millones de años. Vivieron principalmente en América del Norte

## DESCRIPCIÓN

- **Longitud:** 9 m
- **Altura:** 3 m
- **Peso:** 12 toneladas
- **Otras características:** Se ha calculado que en una embestida podían alcanzar la velocidad de 35 km/h

**✓ Los tricerátopos se movían sobre sus cuatro patas, que eran muy gruesas y fuertes. Las delanteras destacaban especialmente por su fuerza, ya que debían aguantar el peso de una cabeza especialmente grande. Todo el cuerpo del dinosaurio estaba recubierto de una piel gruesa y rugosa que presentaba diversos pliegues.**

# *Triceratops*

## *Tricerátopo*

## *El dinosaurio de los tres cuernos*

La característica más señalada de los tricerátopos es la existencia de tres cuernos en su cabeza: uno corto y grueso en el hocico y otros dos en la frente que podían medir… ¡hasta 1 m de largo! Estos cuernos tenían usos muy diversos, desde la defensa hasta el cortejo de las hembras. Por si fuera poco, la placa de hueso del cuello hacía de los tricerátopos unas presas francamente difíciles de vencer.

**✓ Llegaban a pesar hasta 12 toneladas, es decir, ¡como cinco rinocerontes juntos!**

Tamaño de un tricerátopo comparado con un ser huma

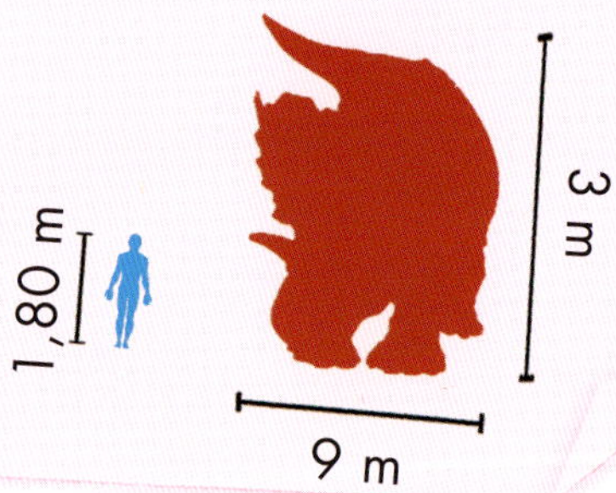

Dinopregunta

### ✓ ¿Cómo vivían?

Se han descubierto huellas fosilizadas que hacen pensar que estos animales pudieron vivir en grandes manadas, aunque no hay restos de huesos que lo confirmen. Se cree que los machos luchaban entre sí trabando los cuernos y echando una especie de pulso para determinar quién debía ser el jefe. Algunos científicos piensan que la placa de hueso de su cuello tenía colores muy vivos que servían para atraer a las hembras.

Su cola era relativamente corta y gruesa, ya que en este dinosaurio no cumple la función de contrapeso.
El cuello estaba protegido por una placa ósea que ayudaba a este pacífico dinosaurio a defenderse de los ataques de otros depredadores.
La boca, similar al pico de un loro, tenía hileras de dientes que volvían a crecer si se desgastaban.

# Tyrannosaurus

Su cabeza era enorme, de 1,2 m de longitud. Sus mandíbulas tenían tamaño suficiente como para devorar a algunas de sus presas de un bocado, y estaban dotadas de grandes dientes de 18 cm de longitud que estaban curvados hacia atrás.

Para mantener el equilibrio, poseía una poderosa cola rígida y puntiaguda.

Los brazos eran relativamente pequeños, dotados de dos dedos acabados en garras, y se desconoce para qué los utilizaban.

Era bípedo, y caminaba sobre dos poderosas patas.

# Rex *Tiranosaurio Rey*

# *El rey de los dinosaurios*

## CLASIFICACIÓN CIENTÍFICA

- **Significado del nombre:** *Lagarto tirano rey*
- **Orden:** *Saurischia*

El tiranosaurio está considerado como el carnívoro más grande que ha existido jamás en nuestro planeta, y posiblemente uno de los más fieros.

Los paleontólogos aún no se han puesto de acuerdo sobre la velocidad que alcanzaba, que oscilaría entre los 14 y los 72 km/h y tampoco saben qué tipo de sonidos emitía, pero quizá rugía o graznaba para llamar a sus crías y para mantenerse en contacto con otros miembros del grupo.

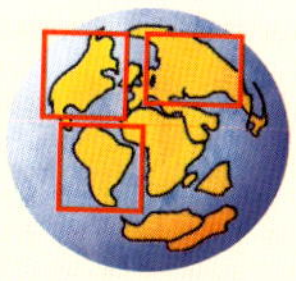

## RANGO FÓSIL

Cretácico

## HÁBITAT

El *Tyrannosaurus rex* vivió hace unos 67 millones de años en América del Norte, Asia central y meridional y posiblemente América del Sur. Parece que prefería los bosques subtropicales y húmedos

## DESCRIPCIÓN

- **Longitud:** 12-13 m
- **Altura:** 5-6 m
- **Peso:** 4-8 toneladas
- **Otras características:** Algunos estudios sugieren que el tiranousaurio podía tener plumas en algunas partes de su cuerpo, aunque ninguna evidencia fósil confirma o rechaza esta teoría

Tamaño de un tiranosaurio comparado con un ser humano

✓ Se cree que el tiranosaurio era principalmente un depredador carnívoro que daba caza y se alimentaba de otros dinosaurios menores o menos fieros que él.

¡¡¡ROARRR!!!

Dinopregunta

### ✓ Un poco de historia...

El primer hueso de tiranousario se encontró en Montana, EE.UU., en 1892. Fue el paleontólogo americano Henry Fairfield Osborn, en 1912, el que reconstruyó por primera vez la forma de esta criatura, a la que bautizó con el nombre que significa «reptil tirano rey». Sus restos fósiles son aún muy escasos. Hasta la fecha se han encontrado solo 30 especímenes, y únicamente tres cráneos completos. A pesar de ello, es el dinosaurio mejor conocido por la cultura popular.

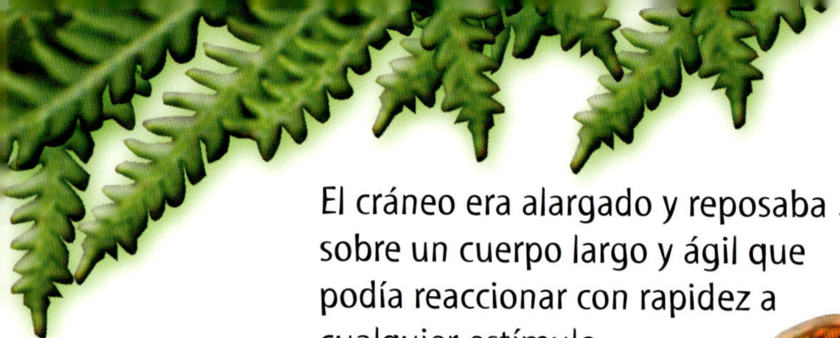

El cráneo era alargado y reposaba sobre un cuerpo largo y ágil que podía reaccionar con rapidez a cualquier estímulo.

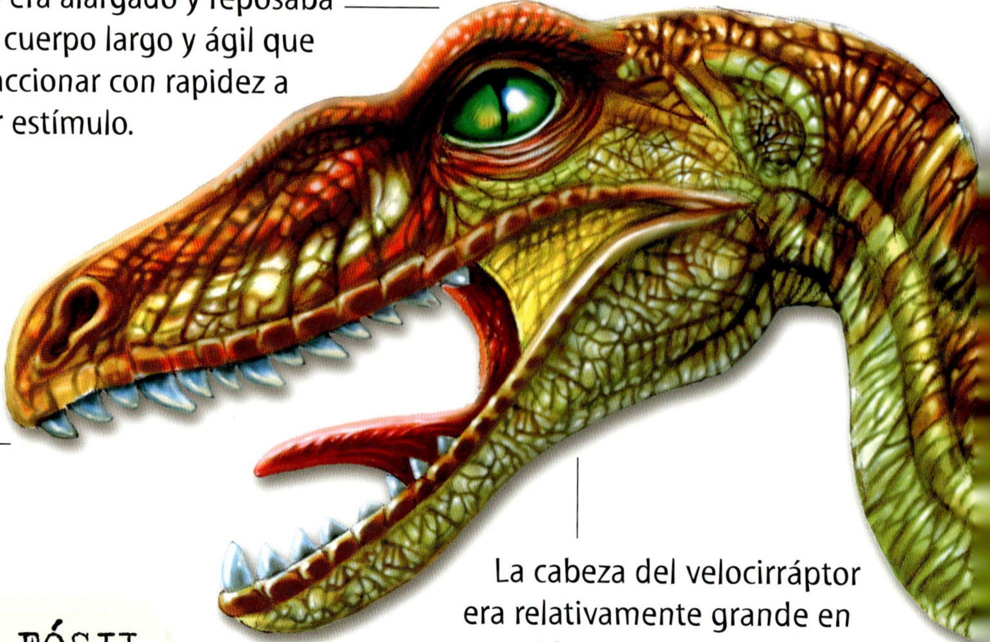

La boca estaba poblada de varias hileras de dientes muy afilados que servían para despedazar a sus presas.

La cabeza del velocirráptor era relativamente grande en comparación con su cuerpo, lo que ha hecho pensar que probablemente fuera uno de los dinosaurios más inteligentes que han existido.

Las extremidades delanteras eran más pequeñas que las traseras, y terminaban en tres dedos de largas falanges provistos de garras curvadas.

## RANGO FÓSIL

Cretácico

## HÁBITAT

El velocirráptor vivió en las zonas bajas y cercanas a los ríos de China y Mongolia hace unos 90 millones de años

## DESCRIPCIÓN

- **Longitud:** 1,8 m
- **Altura:** 1 m
- **Peso:** 20 k
- **Otras características:** Parece ser que la piel de este dinosaurio estaba recubierta de plumas

Tamaño de un velocirráptor comparado con un ser humano

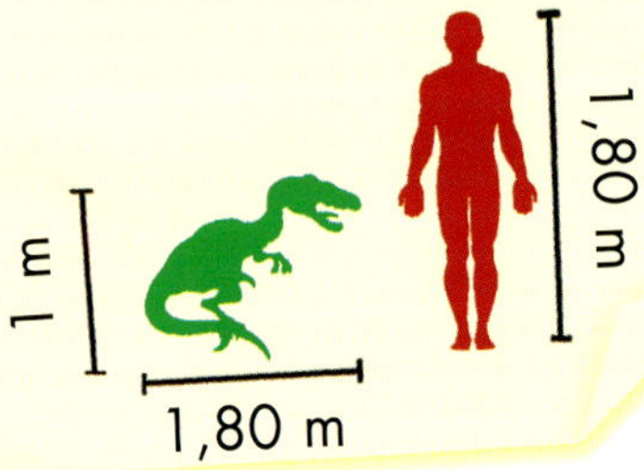


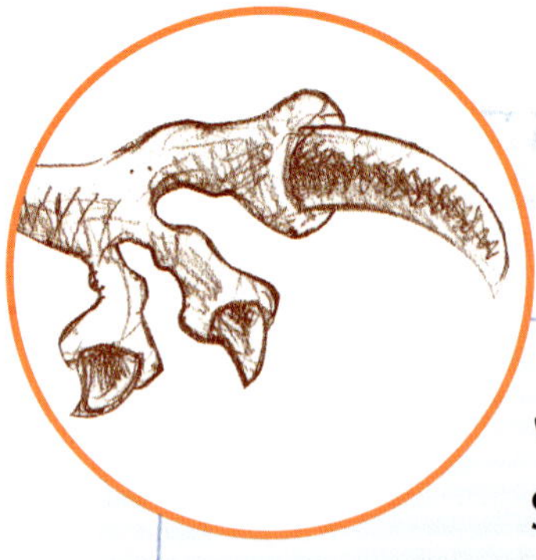

## Dinopregunta

✓ ¿Para qué utilizaba su garra?

Parece ser que el velocirráptor usaba su distintiva garra para matar con absoluta precisión, perforando órganos vitales de sus presas, como la vena yugular, la arteria cariótida o la tráquea, más que para desgarrar el abdomen de sus víctimas, como tradicionalmente se creía. El borde interior de la garra era redondo y no del todo afilado, por lo que esta no pudo cortar o desgarrar, sino más bien perforar.

# Velociraptor

## *El dinosaurio más mortífero*

El velocirráptor, uno de los depredadores más peligrosos del mundo de los dinosaurios, no destacaba precisamente por su tamaño.

**CLASIFICACIÓN CIENTÍFICA**

- **Significado del nombre:** *Depredador veloz*
- **Orden:** *Saurischia*

✓ **Es el prototipo de depredador carnívoro que se alimentaba de otros dinosaurios más pequeños que él mismo.**

Utilizaba la cola para mantener el equilibrio.

Tradicionalmente, se ha pensado que el velocirráptor atacaba apoyándose sobre una de sus patas traseras y golpeando con la otra.

Avanzaba sobre sus patas traseras, que eran delgadas pero capaces de desplazarse a gran velocidad. Cada una de ellas terminaba en tres dedos, uno de los cuales acababa en una impresionante garra de unos 65 cm de longitud.

**CLASIFICACIÓN CIENTÍFICA**

· **Significado del nombre «pterosaurio»:** *Lagarto volador*

· **Orden:** *Pterosaurios*

# *Reptiles voladores*

## *Pterosaurios*

Las alas de los pterosaurios eran parecidas a las de los murciélagos actuales: de piel, se extendían entre el cuerpo y el cuarto dedo, que era muy largo.

Los pterosaurios sobrevivieron aproximadamente 160 millones de años, por lo que existe una gran variedad de ellos. Algunos eran tan pequeños como las perdices actuales, y otros eran tan grandes como un avión de la Primera Guerra Mundial. Todos ellos se caracterizaban por la presencia de alas que les permitían volar; de hecho, fueron los primeros vertebrados voladores de la historia de nuestro planeta.

Los huesos principales de su esqueleto eran delgados, huecos y estaban llenos de aire, lo que disminuía considerablemente el peso de estos animales para permitirles alzar el vuelo.

Sus patas eran tan débiles que se duda de que pudiesen andar por el suelo.

Se conoce con el nombre de pterosaurios al orden de reptiles alados carnívoros que poblaron el cielo de la Tierra durante el período Mesozoico. Suelen confundirse con los dinosaurios, aunque en realidad pertenecen a un superorden diferente. Se podría decir que son primos cercanos.

## HÁBITAT

Los pterosaurios se extendieron por casi todos los ecosistemas terrestres, ya que había especies adaptadas a cada hábitat concreto. Los buscadores de fósiles han descubierto restos de estos hermosos animales en todos los continentes, salvo en la Antártida.

Su cresta en la parte posterior de la cabeza probablemente le ayudaba a equilibrar el peso del pico y de la pesca.

Los tres dedos de cada mano formaban unas garras que les ayudaban a cazar y a defenderse.

Tenían también huesos en el pecho que les ayudaban a sujetar la poderosa musculatura que movía sus alas.

✓ **Algunos vivían en los árboles, donde podían escapar de los depredadores. Otros anidaban en montañas y lugares elevados, e incluso se cree que algunos pterosaurios eran capaces de posarse sobre el agua. Usaban la fuerza de las olas para impulsarse con las patas y alzar el vuelo.**

# *Reptiles marinos*

Muchas veces se piensa que los grandes reptiles que poblaban los mares y océanos en el Mesozoico eran dinosaurios. Pero no es así. También pertenecen a la clase de los saurópsidos, pero no forman parte del superorden de los dinosauria. Podría decirse, como en el caso de los reptiles voladores, que son primos cercanos.

No existen características comunes para estos animales, que forman parte de órdenes diferentes. Pero podemos destacar algunos de los más importantes.

## ✓ *Mesosaurios*

Se cree que fueron los primeros reptiles acuáticos de la historia, que volvieron al agua después de que sus antepasados hubieran habitado en tierra firme. Eran de pequeño tamaño, con un cuerpo esbelto, cuello largo y patas cortas en forma de aletas. Se desarrollaron durante el Pérmico, primer periodo del Paleozoico.

## ✓ *Plesiosaurios*

Se trataba de gigantescos reptiles marinos que poseían un cuerpo muy voluminoso, cuello esbelto y largo, cabeza pequeña, patas en forma de aletas y cola relativamente corta. Aunque eran animales acuáticos, podían salir a tierra durante un corto espacio de tiempo. Vivieron en los periodos Jurásico y Cretácico.

## ✓ *Ictiosaurios*

Los ictiosaurios presentaban una gran variedad de tamaños, desde uno hasta 10 m de longitud. Se caracterizaban por tener cabeza grande, extremidades en forma de aletas, hocico largo y mandíbulas provistas de numerosos dientes. Se trataba de animales carnívoros, los principales depredadores del medio marino. Aparecieron a finales del periodo Triásico, alcanzaron su máxima expansión durante el Jurásico, y se extinguieron junto a los dinosaurios a finales del Cretácico.

## ✓ *Pliosaurios*

Con su tamaño monumental, su cuello corto y sus gigantescas fauces provistas de afilados dientes, los pliosaurios parecían mortíferas ballenas que disputaban con los ictiosaurios el dominio del mar. Se alimentaban de peces, y algunos podían sumergirse hasta profundidades de 300 m. Poblaron los océanos de nuestro planeta en el periodo Jurásico.

## ✓ *Mosasaurios*

Los últimos de los gigantescos reptiles marinos del Mesozoico fueron los mosasaurios, que no aparecieron hasta la mitad del periodo Cretácico. Podían llegar a medir hasta 17 m de longitud, y se cree que eran extraordinariamente voraces. Parece ser que engullían enteras a sus víctimas, como hacen las actuales serpientes, ya que sus dientes no estaban hechos para masticar.

# Contenido


Antes de empezar . . . . . . . . . . . . . . . 2
- Las eras geológicas . . . . . . . . . . . . 3
- ¿Qué es un dinosaurio? . . . . . . . . . 4
- Secretos del éxito de los dinosaurios . . . . . . . . . . . . 4
- La extinción de los dinosaurios . . . 5
- El primer fósil de dinosaurio . . . . . 5

Coelophysis . . . . . . . . . . . . . . . . . . . 6
Plateosaurus . . . . . . . . . . . . . . . . . . 8
Dilophosaurus . . . . . . . . . . . . . . . . . 10
Heterodontosaurus . . . . . . . . . . . . . . 12
Allosaurus . . . . . . . . . . . . . . . . . . . . 14
Brachiosaurus . . . . . . . . . . . . . . . . . 16
Diplodocus . . . . . . . . . . . . . . . . . . . 18
Stegosaurus . . . . . . . . . . . . . . . . . . 20
Baryonyx . . . . . . . . . . . . . . . . . . . . 22
Deinonychus . . . . . . . . . . . . . . . . . 24
Iguanodon . . . . . . . . . . . . . . . . . . . 26
Psittacosaurus . . . . . . . . . . . . . . . . 28
Sauropelta . . . . . . . . . . . . . . . . . . . 30
Anatotitan . . . . . . . . . . . . . . . . . . . 32
Carnotaurus . . . . . . . . . . . . . . . . . . 34
Kentrosaurus . . . . . . . . . . . . . . . . . 36
Chasmosaurus . . . . . . . . . . . . . . . . 38
Corythosaurus . . . . . . . . . . . . . . . . 40
Dromiceiomimus . . . . . . . . . . . . . . 42
Maiasaurus . . . . . . . . . . . . . . . . . . 44
Oviraptor . . . . . . . . . . . . . . . . . . . 46
Parasaurolophus . . . . . . . . . . . . . . 48
Protoceratops . . . . . . . . . . . . . . . . 50
Stegoceras . . . . . . . . . . . . . . . . . . 52
Triceratops . . . . . . . . . . . . . . . . . . 54
Tyrannosaurus Rex . . . . . . . . . . . . 56
Velociraptor . . . . . . . . . . . . . . . . . 58
Reptiles voladores . . . . . . . . . . . . . 60
Reptiles marinos . . . . . . . . . . . . . . 62





C/ San Rafael, 4 bis, local 18
28108 Alcobendas (Madrid)
Tel.: (34) 91 657 25 80
Fax: (34) 91 657 25 83
e-mail: libsa@libsa.es
www.libsa.es

Colaboración en textos: Luis Tomás Melgar / Equipo editorial LIBSA
Ilustración: Román Álvarez Fidalgo
Edición y maquetación: Equipo editorial LIBSA
Dibujos infantiles: Daniel Lorite Maeso

ISBN: 978-84-662-3925-7





DL: M 14897-2019